国家级职业教育规划教材
全国技工院校市场营销专业教材（中级技能层级）
全国中等职业学校市场营销专业教材

MARKETING
市场调查

肖剑锋　主编

中国劳动社会保障出版社

简介

本教材为国家级职业教育规划教材，由人力资源社会保障部教材办公室组织编写。教材共分六个模块，主要内容包括：认识市场调查工作、明确市场调查目的、筹划市场调查项目、确定市场调查工具、选择市场调查方法、执行市场调查项目等。每个模块都配有思考与练习，帮助学生巩固所学知识。

本教材由肖剑锋任主编，唐治钊、何志伟、罗晓明参加编写。

图书在版编目（CIP）数据

市场调查 / 肖剑锋主编. -- 北京：中国劳动社会保障出版社，2019

全国技工院校市场营销专业教材. 中级技能层级　全国中等职业学校市场营销专业教材

ISBN 978-7-5167-4022-4

Ⅰ. ①市…　Ⅱ. ①肖…　Ⅲ. ①市场调查－职业教育－教材　Ⅳ. ①F713.52

中国版本图书馆 CIP 数据核字（2019）第 098454 号

中国劳动社会保障出版社出版发行

（北京市惠新东街 1 号　邮政编码：100029）

*

北京市艺辉印刷有限公司印刷装订　新华书店经销

787 毫米 ×1092 毫米　16 开本　9.75 印张　152 千字

2019 年 6 月第 1 版　2022 年 8 月第 3 次印刷

定价：19.00 元

读者服务部电话：（010）64929211/84209101/64921644

营销中心电话：（010）64962347

出版社网址：http://www.class.com.cn

http://jg.class.com.cn

前言

全国中等职业技术学校市场营销专业教材自出版以来，在学校教学中发挥了重要作用。近年来，随着经济的发展，我国市场营销环境也发生了巨大的变化，这对市场营销从业人员的职业素养和知识、技能水平都提出了更高的要求。为适应这一变化，满足学校培养人才的需求，我们组织了一批骨干教师与行业、企业专家，在充分调研的基础上，对现有教材进行了修订。

本次教材修订工作的重点主要体现在以下几个方面：

第一，完善了教材体系。根据目前职业院校市场营销专业的教学实际，将《店铺陈列》《店铺促销》《连锁经营与管理》等教材整合为《店铺经营与管理》，增加了《市场调查》教材。调整后，整套教材体系更加科学、完善，也更便于教学。

第二，更新了教材内容。针对市场营销专业的现状和发展趋势以及企业的岗位需求，调整、补充和更新了相关教材的结构和内容，使教材更具时代感和前瞻性。增加了实践性教学内容的比重，在主要技能课教材中加入实训项目，并配以详细的操作指导，以引导学生运用所学知识分析和解决实际问题。

第三，改进了教材表现形式。针对学生的认知规律，在教材编写上尽可能多地以图表代替冗长的文字叙述，使教材更加生动，易于学习。同时，对上一版教材的栏目设置进行了整合、优化，使其脉络更加清晰，提高了教材的可读性和实用性。

第四，加强了教材配套资源建设。在修订教材的同时，修订了配套习题册和电子课件。电子课件及习题答案可通过职业教育教学资源和数字学习中心

（http://zyjy.class.com.cn）免费下载。在部分教材中使用了二维码技术，针对教材中的教学重点和难点制作了案例文本、演示视频等多媒体素材，学生使用移动终端扫描二维码即可在线观看相应内容。

本套教材的编写得到了有关学校的大力支持，教材编审人员做了大量的工作，在此我们表示衷心的感谢！同时，恳切希望广大读者对教材提出宝贵的意见和建议。

人力资源社会保障部教材办公室

目录

模块一　认识市场调查工作

市场调查是市场营销活动的起点，它通过一定的科学方法收集、整理、分析市场信息，推断市场发展变化的规律和趋势，为经营者进行市场预测和决策提供可靠的依据。市场调查工作既可以由营销者自己完成，也可以委托专门的第三方机构来完成。

学习目标：

1. 了解市场调查的概念及内容
2. 掌握市场调查的作用
3. 熟悉市场调查的步骤
4. 了解市场调查职业及市场调查从业人员素质要求

课题一　认知市场调查意义

开店铺有句名言："第一是地段，第二是地段，第三还是地段。"小王牢记着这句名言，到处物色店铺想开一家面包店，当他看到某社区人流很兴旺，就打定主意选址在这个社区。他还观察到周边的居民楼大都是二三十年楼龄的旧式楼梯楼，遂决定将店铺和产品定位在经济型，并且很快就将店铺开张了。

然而，店铺的生意并不好。后来小王经过深入了解才知道，因为该社区对口就读的小学很有名，所以这个社区的居民多是为孩子上学而居住在此的中产以上家庭，他们对生活质量的要求比较高，而小王的面包店定位在经济型，显然不符合他们的消费要求。

阅读案例，思考以下问题：

■小王生意不好的原因是什么？

■如果你开店铺，在开业之前会先去做哪些工作？

一、市场调查的概念及内容

1. 市场调查的概念

市场调查是指运用科学的方法，有目的地收集、记录、整理有关市场营销的信息和资料，借以分析市场情况，了解市场现状及其发展趋势，为市场预测和营销决策提供客观依据的过程。市场调查是企业的重要营销职能之一，是一项系统性工作。

2. 市场调查的内容

市场调查的内容涉及市场营销活动的整个过程，见表 1—1。

表 1—1　　市场调查的内容

分类	具体分类	内容
市场环境调查	经济环境调查	经济增长情况、市场购买力水平、经济产业结构及人口变化等
	政治环境调查	国家法律法规及地方的方针、政策，政治体制及相关变动等
	社会文化环境调查	社会生活方式、风俗习惯、宗教信仰、价值观、教育水平、职业状况和流行时尚等
	科技环境调查	科技新发展、新发明、新创造、新技术、新工艺，新材料的研发、应用及发展趋势，新产品开发上市情况等
	地理环境调查	资源状况、地理位置、交通运输、气候等
市场需求调查	消费者需求量调查	消费者购买原因、购买品种、购买数量、购买频率、购买时间、购买方式、购买习惯、购买偏好和购后评价等
	消费者收入调查	家庭总收入、个人可支配收入、收入构成、收入增长情况等
	消费结构调查	消费方式、消费形式、消费支出比例等
	消费者行为调查	消费者使用习惯、消费者态度、购买影响因素、购买决策过程等
市场供给调查	产品生产能力调查	市场可以提供的产品数量、成长状况等
	产品实体调查	产品的分布结构、质量、功能、型号、品牌等
	生产供应企业调查	企业构成及其产能、品牌、价格等
市场营销策略调查	产品策略调查	市场上新产品开发情况、设计情况、消费者使用情况、消费者评价、产品生命周期阶段、产品组合情况等
	价格策略调查	消费者对价格的接受情况、对价格策略的反应等
	渠道策略调查	渠道结构、中间商情况、消费者对中间商的满意情况等
	促销策略调查	各种促销活动的效果，如广告实施的效果、人员推销的效果、营业推广的效果和对外宣传的市场反应等
市场竞争状况调查	竞争构成调查	市场上有哪些竞争对手，竞争对手的能力和优劣势等
	竞争策略调查	同类企业的竞争战略，同类企业的产品、价格、渠道和促销策略以及应对竞争的策略等

二、市场调查的作用

市场调查是企业营销工作的起点，是企业赢得市场必不可少的重要营销工具，对企业的经营有着非常重要的作用，具体体现在以下几个方面。

1. 市场调查是企业正确决策的客观依据

在企业管理部门和有关人员要针对某些问题进行决策时，只有通过具体的市场调查活动，才可以得到实际的信息和数据资料，而只有在对市场情况有了实际了解的情况下，才能有针对性地制定市场营销策略和企业经营发展策略，否则，就会形成盲目的和脱离实际的决策，造成企业损失。

2. 有利于企业发现市场机会，开拓新市场

当今世界，科技发展迅速，新发明、新创造、新技术和新产品层出不穷，日新月异。通过市场调查，一方面可以及时地了解市场需求变化情况，发现新的营销机会，推出新的营销方案，有针对性地满足消费者的需求；另一方面可以紧密监控最新科技发展动态，运用新技术开发和推出新产品，不断开拓新市场，以发展壮大企业。

3. 增强企业的竞争力和生存能力

市场情况在不断地发生变化，企业之间的竞争也日益激烈。企业为适应环境变化和正确应对竞争，必须通过广泛的市场调查，及时了解市场环境各种因素的变化，即时掌握竞争对手的各方面情况，从而有针对性地采取应变措施，为企业在激烈的竞争中更好地生存和发展奠定基础。

2017 年 12 月 22 日，第九届中国高端家电家居趋势发布暨红顶奖颁奖盛典在北京举行，高端清洁电器引领者莱克再次斩获本年度高端吸尘器品类唯一的红顶奖。

莱克用了不到 10 年的时间，就让自己从一个吸尘器代工生产企业成长为我国高端清洁电器市场的领导品牌，这应该归功于莱克的信条：企业竞争力的核心是产品的不断创新，而产品创新需要把更多的精力和时间花在研究消费者需求方面。

莱克此次获奖的吸尘器产品就是贯彻这种理念的典型实例。这款吸尘器主要针对有宠物家庭的中高端人群，重点围绕擦地去污、吸除毛发且毛发不缠绕等从市场调查中获知的用户需求来进行技术上的创新。可以说，这次技术创新的成功，得益于前期的市场调查。

三、市场调查的步骤

企业在产生市场调查构想时，往往面临着重大决策问题或挑战，因此，市场调查的总体思路是必须先从“问题分析”入手，在确定了进行市场调查的目的后，再组建调查队伍，依据科学的方法收集、统计和分析数据资料，最后提出结论和形成报告。市场调查的步骤如图 1—1 所示。

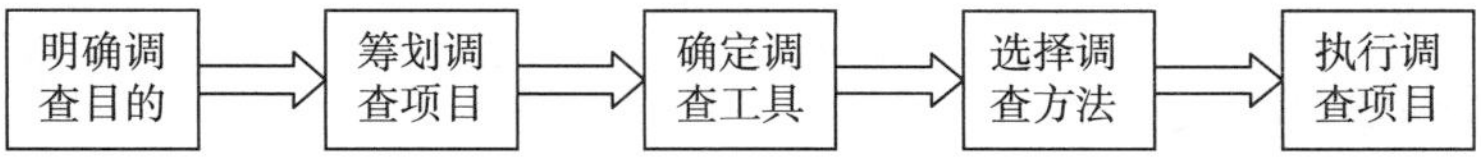

图 1—1　市场调查的步骤

以上某一步骤作出的决定可能会影响后续步骤，某一步骤所做的任何修改往往意味着其他步骤也可能要随之修改。

课堂实训

背景资料

随着低空领域的开放，低空旅游市场逐渐兴起，低空旅游项目已在陕西、北京、山东、江苏等多个省市展开。

国内某旅游景区拥有奇山、怪石、碧水湖、喀纳斯地貌、古建筑群等自然资源，景区负责人很想开发低空旅游项目。

任务

以 4 ~ 5 位同学为一组，帮助景区负责人确定该项目应包括的调查内容。

实训指导

该项目为一个综合决策项目，要进行的调查也是一项大型综合调查，因此，调查的内容要求比较全面，至少应包括以下几个方面。

一、市场环境调查

具体应包括：国家及地区的经济现状及发展情况，景区旅游人口数量及发展情况，有关低空旅游项目的政策、法律，旅游文化及时尚趋势，低空飞行器的科技发展动态，当地地形、地貌对飞行器及旅游者的要求等。

二、市场需求调查

具体应包括：目标消费者的构成，目标消费人口的数量及增长情况，目标消费者的可支配收入水平、消费能力、价格期望、消费偏好、旅游要求、信息获得渠道等。

三、市场供给调查

具体应包括：景区提供的游客接待能力及扩展措施，相似景点的游客接待能力，高峰期和低谷期的时间分布及调节措施等。

四、市场策略调查

具体应包括：景区提供的产品及品牌设计，飞行器的各种进货渠道及配件，低空旅游产品定价及价格调整政策，旅游产品的宣传、广告、公关、促销策略等。

五、竞争状况调查

具体应包括：市场上是否有类似旅游产品及潜在竞争者，类似产品的卖点、价格、宣传推广策略、优劣势、口碑等，类似产品的竞争战略及应对竞争的策略等。

思考与练习

一、简答

1. 什么是市场调查？市场调查有什么作用？
2. 市场调查的内容有哪些？
3. 简述市场调查的主要步骤。

二、案例分析

吉列公司创建于1901年，主要生产男性刮胡刀。进入20世纪70年代，吉列公司的年销售额已达20亿美元，成为世界著名的跨国公司。然而吉列公司的领导者并不满足于此，而是想方设法继续拓展市场，争取更多用户。1974年，公司提出了面向女性的专用“刮毛刀”。这一决策看似荒谬，却是建立在坚实可靠的市场调查基础之上的。

吉列公司用了一年的时间进行了周密的市场调查，发现在美国30岁以上的女性中，有65%的人为保持美好形象，要定期刮除腿毛和腋毛。这些女性主要靠购买各种男用刮胡刀和脱毛剂来满足此需要，一年在这方面的花费高达7 500万美元。相比之下，女性一年花在化妆品上的钱仅有6 300万美元。毫无疑问，这是一个极有潜力的市场。

根据市场调查的结果，吉列公司精心设计了新产品。它的刀头部分和男用刮胡刀并无两样，采用一次性的双层刀片，但是刀架则选用了色彩鲜艳的塑料，并将握柄改为弧形以利于女性使用，握柄上还印压了雏菊图案，这样一来，新产品立即显示了女性的特点。为了使“雏菊刮毛刀”迅速占领市场，吉列公司还为新产品拟订了几种不同的“定位”，到女性消费者之中征求意见。这些“定位”包括：突出“双刀刮毛”，突出“完全适合女性需求”，突出“价格不到50美分”，突出“不伤皮肤”等。最后，公司根据多数女性消费者的意见，选择了“不伤皮肤”作为宣传时突出的重点。结果，“雏菊刮毛刀”一炮打响，迅速畅销全球。

问题：

1.“雏菊刮毛刀”为什么能取得成功？请概括说明理由。

2. 联系本课题内容，谈谈从本案例中你得到哪些启发。

三、实践演练

到图书馆借阅相关书籍或利用网络搜索工具，查阅两个著名的市场调查案例，仔细研读，然后指出这两个案例的调查内容属于哪种分类。

课题二　认识市场调查职业

要想成为优秀的销售员，必须先做一段时间的市场调查员。例如，某房地产女销售员小李，一个月市场调查下来，画出了让人佩服的“扫街图”，不仅标出了开发商每一栋房子的位置，连每一棵树在哪里都标得清清楚楚，整个图画得有点军事地图的味道，这每一寸土地可都是她拿脚去丈量过的。现在，小李向客户介绍楼盘区位、环境等都是信手拈来，包括商超多少家、医院多少所、银行多少个等，都摸得一清二楚。

阅读案例，思考以下问题：

■为什么成为销售员之前要先做市场调查员呢?

■对市场调查员有哪些素质要求?

一、市场调查职业

市场调查职业是指在各类企事业单位或其他组织中，为本组织或受托为其他组织从事市场调查、市场研究、统计分析及相关活动的一系列工作的总称，如市场专员、市场推广员、市场调查员、市场分析师等。

世界500强企业中有90%都建立了信息分析部门，其中微软约17%、可口可乐约5%、摩托罗拉约11%的利润源可以归结到市场调查分析上。相比之下，我国的企业，特别是国有企业对市场调查和分析的重视程度还远远不够，导致巨大的市场需求空间还没有被发现，因此，市场调查分析人才前途光明。

从事市场调查职业的岗位中，市场专员是市场部门中最常见的一个职位，其承担着各种基础性和协助性工作。市场专员的主要职责是执行公司市场计划，具体包括收集、分析市场信息和动态，协助制订和完成新产品推广计划，完成各类活跃品牌、提升品牌和发展品牌的推广活动等。市场专员积累了一定的工作经验和能力后，可以向市场部经理、市场总监、品牌总监岗位或其他部门继续发展。

市场调查员是市场部门中另一个常见职位，其主要职责是通过调查、统计分析等手段获得全面、准确的市场信息和分析结论，为企业管理决策提供强有力的支持。

二、市场调查从业人员的素质要求

1. 思想品德要求

市场调查从业人员须具有强烈的社会责任感和事业心；具有较高的职业道德修养，工作中能实事求是、公正无私；工作认真、细致、勤恳，具有创新精神；谦虚朴素、诚实有礼，具备较强的敬业精神、良好的团队合作精神以及较强的承压能力。

2. 业务要求

市场调查从业人员须综合掌握市场营销学、统计学、消费者心理学、商品学、传播学、团队管理等知识和原理，具有利用各种情报资料的能力，具有对调查环境较强的适应能力，具有分析、鉴别、综合信息资料的能力，熟练掌握PPT 等常用办公软件及 SPSS、Excel 等统计分析软件，具有较强的沟通协调能力、语言和文字表达能力。

3. 身心要求

市场调查从业人员须身体健康、心理健康、乐观豁达、积极向上、坚韧不拔、不辞劳苦。

课堂实训

背景资料

小王想尝试一下勤工俭学，恰好学校发布了兼职市场调查员的信息，小王毫不犹豫地报了名。面试的 20 多人中大多数都是打扮入时的师兄师姐。考官简单地说了条件，对一身校服、满脸谦卑的小王而言，好消息是报酬丰厚，坏消息是只招 4 人。小王比较泄气，觉得自己竞争不过其他面试者。但考官却留下了小王参加培训，并特别要求他开展市场调查时带上学生证，方便证明身份。

兼职第一天，小王被安排在繁华的路段进行随机调查，面对行色匆匆的人群，小王有点紧张，他带着前晚专门对着镜子练习过的微笑，捧着厚厚一叠问卷迎上去："您好，先生 / 小姐，可以接受我们的一个简短调查吗？"正当小王想象着自己的真诚微笑杀伤力有多大时，事实给了他残酷一击：往往话还没说完，大多数人已经远远避开，或者冷着面孔打断、拒绝，甚至用怀疑的眼光上下打量他一番，然后摇着头走开。再加上最后要填写个人资料和联系方式，有些本来填着问卷的人，听到这个要求也不愿填了，放下就走。

大半天下来，小王完成了不到 30 份问卷，他感到十分沮丧。同系的搭档见状偷偷把他拉到一边，教他自己填上资料。看着搭档手里一厚叠的已填问卷，小王恍然大悟。几番思虑，小王还是觉得这样做不太好，鼓足勇气，又向行人迎去。

任务

阅读以上材料，试回答以下问题：

1. 考官为什么会选中小王？

2. 考官让兼职者带上学生证的用意是什么？

3. 搭档和小王谁更聪明？管理者如何防止搭档的这种行为？

实训指导

1. 考官看上的是小王的诚实、朴素、谦虚，这是市场调查员最需要具备的素质。

2. 学生身份可以有效消除被调查者的戒备心理，增加接触成功的机会，提高问卷调查成功率。

3. 搭档是耍小聪明，骗不了管理严密的公司和有经验的管理者，反而容易将自己的职业生涯引入歧途。反之，小王更聪明。

要防止市场调查员的作弊行为，企业须制定严格的管理制度，从招聘到培训再到项目实施，各个环节要紧密结合起来。设置和挑选好认真负责的督导员，项目执行时，市场调查员只能在某一指定区域完成问卷，问卷完成一定数量经督导员审核没问题后，才能再派发下一批问卷给市场调查员。管理人员要定期抽查问卷并进行暗访。

思考与练习

一、简答

1. 市场调查职业的含义是什么？

2. 市场专员的主要工作职责有哪些？

3. 在对市场调查员的素质要求中，企业为什么特别注重“实事求是”这项要求？

二、案例分析

小静参与过两次市场调查工作。第一次调查工作是某大型商圈开业前的调查，由于小静英语过了六级，督导员让她和另一位市场调查员负责外籍人员的调查工作。他们到了外籍人员较多的区域，小静很胆怯，因为她不仅是第一次参与市场调查工作，也是第一次跟外国人交流。刚开始，小静的调查工作开展得并不顺利，人们对她比较有戒心，以为她是推销的。看到别人板着脸拒绝自己，小静十分沮丧。终于有一个来自加拿大的人士愿意接受调查，后面的调查也开始顺利了。第二次调查工作是关于各大运动产品品牌的调查，比第一次的要简单些，但是由于问题太多、太长，大多数被调查者都是接受了一半调查就走了。

问题：

1. 从小静的第一次市场调查工作中，你有何感悟？

2. 从小静的第二次市场调查工作中，你得到哪些启发？

三、实践演练

利用周末，在学校周围的道路上随机调查 20 位行人，询问他们对学校师生的印象及评价。

模块二　明确市场调查目的

当企业在经营中遇到问题时，就需要针对存在的问题和产生的原因进行市场调查。为使市场调查科学有效，调查者首先要解决“调查什么”这一问题，为此，先要界定市场调查的主题，然后根据界定的市场调查主题再设定具体的调查目标。

学习目标：

1. 了解市场调查主题的含义
2. 了解市场调查目标的含义
3. 掌握界定市场调查主题的流程
4. 掌握设定市场调查目标的要求和程序

课题一　界定市场调查主题

随着国家促进体育消费政策的出台，全民运动热情持续高涨，人均体育消费水平不断提高。

京东体育《互联网体育消费报告》显示，互联网体育用品消费逐年提升。人均年消费额方面，2018年较2016年几乎翻倍，但我国人均体育消费仍只有全球平均水平的十分之一，这向人们展现了一个相当可观的上升空间。

体育人群的消费能力不容小觑，体育产业也吸引了各路资本的关注。张老板以前开厂做外贸服装行业赚到了“第一桶金”，他敏锐地看到了体育产业诱人的巨大商机，急于转行杀进这个朝阳产业，因而登门求助某市场调查公司予以“参谋”。

阅读案例，思考以下问题：

■张老板为什么想进军体育产业？

■市场调查公司应该怎样给张老板“参谋”呢？

一、市场调查主题的含义

市场调查主题是指某项市场调查项目所面临和需要解决的核心、关键性的问题。

市场调查主题决定着市场调查的总方向和总水平，决定着市场调查方案的设计，决定着市场调查成果的价值。

二、界定市场调查主题的流程

市场调查主题的界定是市场调查设计中的关键，它制约着整个市场调查策划和实际运作过程。只有在主题被十分正确和清晰地认识、界定之后，市场调查项目才能顺利、有效地实施。如果对市场调查主题产生错误的理解或者界定不准确，所有为此付出的努力、时间和资金都将付诸东流。更为严重的是，如果用这种调查结果作为决策的依据，对企业营销活动所造成的危害将不堪设想。因此，在一项市场调查项目开始和在进行市场调查方案设计之初，正确地界定市场调查的主题具有十分重要的意义。

界定市场调查主题的流程如下。

1. 识别问题或机会

在企业的经营过程中，企业的内外环境会发生变化，企业管理者应该意识到这种变化，去发现企业如果不适应环境变化将会造成的问题，或者去发现变化中出现的各种机会。市场调查人员需要具备良好的洞察力、创造力和沟通能力，敏锐地识别环境的变化，帮助企业管理者发现问题或机会，促使其产生市场调查的潜在需求。

2. 了解调查需求

调查的潜在需求产生后，市场调查人员通常面临两种情况：一种是企业管理者非常明确地向调查者提出市场调查的需求；另一种则是企业管理者只意识到问题或机会，但不能够明确表达市场调查的需求。后一种情况，企业往往认识到需要市场调查为其解决企业营销问题，但由于对市场营销知识的缺乏，不能够明确表达对市场调查的具体要求，这就需要调查者较为深入地了解企业经营状况，帮助企业管理者明晰企业对市场调查的需求。

只有与企业管理者进行充分、有效的沟通，才能清楚了解企业管理者的需求。了解需求的方法见表 2—1。

表 2—1　　了解需求的方法

方法		具体内容
提问法	询问式	单刀直入、观点明确地提问，让企业管理者详述情况，以便获得更多的细节 例如，“当竞争对手采用更大幅度的折扣促销时，您会怎么办？”
	肯定式	让企业管理者回答“是”或“否”，目的是确认某种事实、观点、期望或反映的情况，以更快地发现问题，找出问题的症结所在 例如，“如果 A 公司提供的原料跟目前与您合作的公司质量相当但价格更低，您是否愿意调整进货渠道？”
	常规式	问一些调查需求分析表上所需要填写的工作流程问题，如客户的姓名、电话号码、客户代码等，目的是获得解决问题所需要的有关信息，方便联系、查询 例如，“×××××××× 是可以联系到您的电话号码吗？”
	征求式	让企业管理者描述情况，交流想法、意见、观点，以了解其兴趣和问题所在 例如，“您觉得上次的促销方案要如何改进呢？”
	澄清式	针对企业管理者已有回答或已经提供的信息重新措辞进行提问，以便确认调查者的理解与企业管理者的本意是否一致 例如，“您提到子公司目前营销管理混乱，是否意味着以前制定的营销政策没有被严格执行？”
倾听法		在与企业管理者进行沟通时，必须集中精力，认真倾听，尽可能地让对方多说以了解更多的情况，要站在对方的角度、立场，了解对方需要解决的核心问题，以便提供满意的调查服务
观察法		在与企业管理者沟通过程中，应留意其非语言行为，观察对方表情、动作、肢体行为，分析、探究对方的欲望、观点、想法和关注点，以充分把握其当前的境遇与需要

总而言之，通过适当地询问、认真地倾听以及对企业管理者行为的细致观察，就可以了解其需求和想法，为确定调查主题明确方向。

3. 形成市场调查问题

当企业内外环境发生变化，从营销管理角度来看，企业管理者此时就面临着改善经营管理的一种机会，从而产生管理决策问题。要科学解决管理决策问题，就需要进行市场调查以提供信息支持，进而产生市场调查问题。很显然，管理决策问题和市场调查问题联系密切，市场调查问题受管理决策问题的影响和制约，而化解管理决策问题需要通过市场调查问题所获得的信息和结论作为依据。管理决策问题和市场调查问题的区别见表 2—2。

表 2—2　　管理决策问题和市场调查问题的区别

类别	核心点		导向		关注点	
	内容	举例	内容	举例	内容	举例
管理决策问题	决策者要做什么	为新产品设计包装	行动导向	增加商店的客流量	关注症状	是否通过开设新店进行市场渗透
市场调查问题	需要什么信息及如何获得这些信息	对不同包装设计有效性的测试	信息导向	1. 目前商店形象的测评 2. 影响顾客选择商店的因素分析	关注原因	采用什么方式对备选店址进行评估

4. 确定市场调查主题

根据上述步骤形成的市场调查问题，通过查阅资料、人员访谈、会议讨论、专家座谈等手段，进一步分析原因，最终确定市场调查主题。

某商业学院是一所三年制私立职业学院。最近，该学院入学率突然下降，为此，学院招生办公室主任请市场调查人员帮助分析入学率下降的原因。

市场调查人员与招生办人员进行了会议讨论，确定了可能导致入学率下降的原因（见表 2—3）。

表 2—3　　可能导致入学率下降的原因

竞争者原因	消费者原因	学院自身原因	外部环境因素
减少学费 新且多的竞争者 新的教学计划 新的设施和装置 更好的广告 受财政支持 就业门路广	适龄学生数下降 收入情况的改变 有其他好的就业机会 对教育缺乏信心 转向四年制大学 无法承担学费 毕业生的口碑差	学费增加 教学计划改变 服务减少 助学金减少 广告削减、改变 新教师多 新的管理层 学校地址改变	财政资助减少 就业市场过剩 往返车费增加 经济不景气 其他教育渠道广 看不起职业教育

列出了一长串可能的原因后，调查人员必须进行筛选，以找出几个最有可能的原因。例如，如果该学院没有增加学费，教学计划也没做任何改变，则应该删去这两个可能的原因。如果某个可能的原因在入学率下降现象出现之前或同时有所改变，则应将其保留在上表中。

调查人员经过与学院相关人员访谈、查阅资料、访问专家及与学生座谈，发现在过去的一年中，学院更换了广告代理商，而新的代理商改变了广告的主题和播出时间段。这个广告策略的改变被初步确定为导致入学率下降的最主要原因。

进一步推断“什么样的广告主题最能吸引学生报名及哪个时间段播出效果最好”成为这次市场调查的主题。

课堂实训

背景资料

与你所在学校的食堂老板（或小卖部老板）聊天，会发现他们有一些烦恼，如生意越来越难做等。

任务

以4~5位同学为一组，帮助食堂老板（或小卖部老板）找到生意越来越难做的原因。

实训指导

食堂老板（或小卖部老板）在经营中出现了管理问题，需要同学们调查原因以帮助他们改进管理，所以，同学们应该明确调查问题并确定调查主题。

一、识别问题，了解调查需求

生意难做，老板希望增加营业额和利润。

二、形成调查问题

1. 关于食堂（或小卖部）：历史、组织结构、所有权结构、宗旨等。

2. 关于饭菜（或产品）：原料、生产过程、特色、服务、卫生等。

3. 关于营销策略：价格策略、分销策略、促销策略等。

4. 关于消费者：消费者行为特征。

5. 关于竞争者：主要的竞争对手、竞争策略。

6. 关于老板：价值观、性格、管理目标、管理方法、管理水平、资源等。

三、确定调查主题

对每个调查问题逐条细化，通过人员访谈、座谈讨论等手段进行推理分析，对可能的原因逐条评估，排除不可能原因，最终形成调查主题。

例如，某小组确定调查主题流程如下：

管理决策问题：食堂生意不好。

认为的主要原因：食堂饭菜为单一粤菜。

调查问题：增加其他菜品。

调查主题：你喜欢吃哪种菜？

思考与练习

一、简答

1. 市场调查人员了解企业管理者需求的方法有哪些？
2. 如何理解管理决策问题和市场调查问题的关系？
3. 界定市场调查主题有何重要性？

二、案例分析

甲饭店的林老板感觉最近回头客有所减少，便召见市场部罗经理希望其找出解决方案。

罗经理回到部门召开会议，员工们讨论得非常热烈，最后，会议提出了三个方案：①改变菜肴种类；②培训服务人员；③增加广告投入。

问题：

1. 罗经理的做法是否科学？为什么？
2. 联系本课题内容，你认为如何做才科学？

三、实践演练

以 3～4 位同学为一组，在你们所熟悉的市场转一转，想办法接近这些店铺老板并和他们交流，了解一下这些店铺的经营状况和存在的问题。

课题二　设定市场调查目标

有个人经过一处建筑工地，问那里的石匠们在干什么，三个年轻的石匠给了三个不同的回答。

第一个石匠回答："我在做养家糊口的事，混口饭吃。"

第二个石匠回答："我在做整个国家最出色的石匠工作。"

第三个石匠回答："我正在建造一座大教堂。"

十五年后：第一个石匠还在为别人干活，第二个石匠成了知名的技能大师，第三个石匠成了有名的建筑商。

第一个石匠说自己做石匠是为了养家糊口，只考虑自己的生存需求，没有远大的抱负，这是短期目标导向的人。

第二个石匠说自己做石匠是为了成为全国最出色的匠人，做工作时只考虑自己要成为什么样的人，常从专业性考虑问题，很少考虑组织要求，这是职能思维导向的人。

第三个石匠会把自己的工作和组织的目标关联，从组织价值的角度看待自己的发展，然后围绕组织的大目标做事情，最后获得更大的发展并成就一番事业，这是经营思维导向的人。

阅读案例，思考以下问题：

■为什么说做事情树立目标很重要？

■一项市场调查工作应怎样设定目标？

一、市场调查目标的含义

一项市场调查工作在清楚地界定了调查主题后，调查人员就要围绕该主题，系统地设定和阐述调查工作目标，即着手解决“应该进行什么样的调查”这一问题，从而为后面的市场调查工作奠定基础。

市场调查目标就是用尽可能准确的语言叙述，指明市场调查工作的范围及所需要收集的信息及其用途。

从根本上讲，市场调查目标与调查主题是一致的，但是从操作层面上讲，它们又是有区别的。调查主题一旦确立，调查目标就可以从主题定义中引申出来。这些目标以可衡量的标准，系统地、逐步地解决决策所需要的有关信息，并确定调查所需要达到的程度。

二、设定市场调查目标的要求

设定市场调查目标需要满足以下六个要求：

1. 调查目标要有明确、具体的结果或成果。

2. 调查目标应可以衡量。衡量指标可以包括质量、数量、时间、成本等，或能够通过定性的等级划分进行定量转化。

3. 管理者和调查人员均认可所设定的调查目标。

4. 调查目标要既有挑战性又有可实现性。

5. 调查目标与调查主题须密切相关。

6. 调查目标不能太宽泛或太狭小。

三、设定市场调查目标的程序

1. 陈述问题

对“为什么调查”“调查什么”等问题进行文字性陈述。

2. 确定数据应用者

调查者首先要确切地了解谁是数据的主要使用者以及调查数据主要用在什么地方等。

3. 确定操作性定义

了解决策者对谁或对什么感兴趣，以确定调查的区域范围和时期。

4. 列出调查内容框架

在明确了调查问题并对调查目标做过系统陈述后，还应概括性地列出调查内容框架。调查内容框架通常包括：调查对象的相关特征信息，与调查问题现状相关的信息，与解决方案相关的信息等。

某计算机企业的市场经理组织调查人员进行市场调查，如果经理让员工去了解“客户都需要些什么”，这就会让调查人员将调查目标设得太宽泛而无所适从；如果经理让员工去了解“客户是否需要送货上门”，这就会让调查人员将调查目标设得太狭小，最终导致调查所获得的信息不能很好地满足客户的需求。

如果经理将调查问题定为“企业送货上门是否能引起客户的兴趣”就比较合适，此时调查人员的调查目标就应该包含以下内容：

（1）确认调查区域、调查范围及调查时间段。

（2）确认客户需要企业送货上门的原因。

（3）确认哪些客户最有可能需要送货上门服务。

（4）获悉送货上门服务能使企业客户增加的数量。

（5）获悉送货上门服务对于企业形象的影响值。

（6）获悉与其他服务相比，送货上门的重要性排序。

课堂实训

背景资料

某市交通局希望采取措施方便老年居民使用公共交通工具，但由于没有关于老年居民使用公共交通工具的需求及其出行习惯的最新信息，于是向调查机构求助，帮助其收集相关信息。下面这段文字是交通局对问题的陈述：“为更方便城市老年居民对公共交通工具的使用，交通局正考虑改善目前的服务。可能采取的措施包括：购置特殊类型的公共汽车，对现有的公共汽车进行改装，增加新线路，可能的话还将考虑对车费实行优惠。在作出这些耗资巨大的决定与改变前，交通局需要有关老年居民对交通需求的信息，以便根据预算情况最大限度地满足老年居民的出行需求。”

任务

以 4 ~ 5 位同学为一组，综合运用本课题所学知识，帮助调查机构确定调查目标。

实训指导

一、陈述问题

在涉及“采取措施方便老年居民使用公共交通工具”这一决策问题时，可将决策目标阐释为“需要调整现有的服务来方便城市老年居民对公共交通工具的使用”。

二、确认数据应用者

根据交通局的内部分工，这项事关全局的工作具体由交通规划部来承担。具体来说，交通局的规划人员主要把信息用于：购置特殊类型的公共汽车，改装现有的公共汽车，增加新线路，对车费实行优惠。

三、确定操作性定义

1. 决策者对谁或对什么感兴趣

在这里，决策者仅对老年居民的公共交通需求及使用感兴趣。要求对“老年居民”“公共交通”和“使用”等都要有确切定义。

2. 调查的区域范围

决策者仅对运行公共汽车的市区范围感兴趣，或者是对被现有公交网络所覆盖的区域感兴趣，因此调查范围应确定为居住于整个城市范围内的所有老年居民。

3. 调查的时期

交通局的陈述中所指时期是“现在”，这就意味着要了解老年居民最近时期（如最近一个星期、一个月等）乘坐公共汽车的情况。

四、列出调查内容框架

对于老年居民，可列出以下信息：年龄，性别，是否残疾，家庭收入，地理位置，住所类型（养老院、公寓、独立住宅），家庭构成（与谁共同生活）等。

对于交通需求，可列出以下信息：上星期出行次数，出行频率，使用的交通工具，乘坐公共汽车遇到的问题等。

对于出行特征，可列出以下信息：出行目的，出行的起点与目的地，出行途中受到的限制，需要的帮助，因为缺少交通工具而取消出行的次数。

对于交通模式，可列出以下信息：乘坐公共汽车的花费，公共交通服务在哪些方面可以改善，采取什么措施可以促使老年居民乘坐（或更经常乘坐）公共汽车等。

思考与练习

一、简答

1. 如何理解市场调查目标的含义？

2. 设定市场调查目标有哪些要求？

二、案例分析

某公司生产了一种新型功能饮料产品，由于产品新颖而颇受欢迎，出现供不应求的状况。该公司计划建立新工厂以增加生产能力，但是，关于这个计划是否恰当，公司管理者不好判断，遂决定：以确定该产品是处于“成长期”或进入“成熟期”为调查目标，展开对消费者调查工作。

问题：

根据上述材料，你认为该公司确定的调查目标合理吗？

三、实践演练

某制鞋厂生产了一种海蓝色涤纶坡跟鞋，在本地很受欢迎。鞋厂根据市场反应给外地一家大型鞋帽商场发货 5 000 双，时隔不久，外地商场来电要求退货。厂家很快派人赶赴这一城市，经初步调查，制鞋厂所在地与这一消费地风俗习惯不同，这种颜色在该城市被认为不太吉祥，因此，鞋上市后几乎无人问津。制鞋厂决定召回海蓝色的鞋，并委托调查公司对该市的鞋类消费市场进行调查。

假如你是调查公司的一员，请你确定此次市场调查目标。

模块三 筹划市场调查项目

解决了“要调查什么”的问题后，接下来就要进入“由谁来执行调查和怎样执行”的环节，为此，企业管理者就要将调查任务布置给相关机构或部门，成立市场调查项目组，项目组将围绕调查主题和调查目标设计调查的总体方案。

学习目标：

1. 了解市场调查机构的类型
2. 掌握设计市场调查方案的流程
3. 能正确选择市场调查机构

课题一　选择市场调查机构

万科物业的安全管理水平一直是行业标杆。成绩的取得，部分应归功于多年以来万科集团坚持聘请国际知名调查公司对其所有开发项目客户进行独立的第三方满意度调查工作。

第三方机构对万科物业进行“真实顾客暗访”调查，并且将各服务指标数字化。第三方机构的客户调查每一年都为万科物业提供翔实可靠的一线资料和数据，多维度准确鉴定万科物业的服务品质，有效提升了物业服务水平。

万科物业对外来人员的出入管理非常严格，这给第三方机构的调查人员进入项目调查带来一定的困难。但第三方机构迎难而上，在调查前期做足准备工作，召开多次会议，商讨调查方案，务求整个调查顺利进行。运用新开发的调查软件，第三方机构调查人员对万科项目进行了外部环境检查、服务现场扫描、服务过程体验及业务测试等方面的调查。调查结束后，第三方机构调查人员根据现场拍摄的照片、视频、录音等，按环境、安全、客服、运维等维度给每一个项目进行打分，并详细描述现场情况，形成计分卡，让万科物业清楚知道自己在哪些方面存在不足，以便及时改进。

阅读案例，思考以下问题：

■万科为什么要选择独立的第三方机构调查客户满意度？

■从案例中可以看出第三方调查机构有哪些优势？

一、市场调查机构的类型

市场调查机构是受企业管理者委托或委任，专门从事市场调查的单位或部门。按照市场调查服务的独立程度来分，市场调查机构可分为非独立性调查机构和独立性调查机构两大类。非独立性调查机构通常是指企业内部负责市场研究和推广的部门；独立性调查机构是企业之外接受委托从事市场调查的主体，是进行市场调查的独立组织，具体包括各级政府部门组织的调查机构和专业性市场调查机构两种类型。

企业开展市场调查时，一是可以委托企业自己的非独立性调查机构负责此项工作，二是可以委托独立性调查机构来执行市场调查项目。

1. 非独立性调查机构

国外许多企业，如福特汽车公司、可口可乐公司等，都有自己的市场调查部门。目前我国许多大中型企业如海尔公司等，也设有这种部门，称为市场调查部或市场研究室，来专门、全面地负责企业各项市场调查任务。也有的企业让某个职能部门在其主要职责外兼管全部或承担部分企业市场调查任务，较多集中于市场部、企划部、公关部、广告部、销售部等职能部门，并且配备数量不等的专、兼职市场调查人员。非独立性调查机构的职能相对有限，较少直接从事第一手资料的大型调查，其主要职责是收集第二手商业情报资料、建议企业进行某些适当的市场调查、与专业化的调查公司联络等。

2. 独立性调查机构

（1）各级政府部门组织的调查机构

我国最大的市场调查机构为国家统计部门，国家统计局、各级政府主管部门和地方统计机构负责管理和发布统一的市场调查资料，便于企业了解市场环境变化及发展趋势，指导企业微观经营活动。此外，为适应经济形势发展的需要，统计部门还相继成立了城市社会经济调查队、农村社会经济调查队、企业调查队和人口调查队等调查队伍。除统计机构外，中央和地方的各级财政、银行、工商、税务等职能部门也都设有各种形式的市场调查机构。

（2）专业市场调查机构

专业市场调查机构主要包括高校调研机构及专业市场调查公司，具有直接从事第一手资料调查的能力，但往往需要收取较高的费用。

高校调研机构，如中国人民大学中国调查与数据中心、清华大学媒介调查实验室、中国传媒大学调查统计研究所和中山大学社会科学调查中心等。

专业市场调查公司，比较著名的有以下几家，它们在各自的领域各有所长。

明思产业研究：专长于行业研究、竞争对手调研、产业研究、营销咨询。

新华信：专长于汽车市场研究。

AC 尼尔森：专长于零售研究。

GFK：专长于家电、通信行业的零售数据监测。

策点调研：专长于消费者满意度研究。

二、独立性市场调查机构的选择

1. 选择前

企业在选择独立性调查机构进行调查前，应由企业自身的市场部门明确以下几个问题：

（1）希望调查机构提供何种调查活动，即准确界定调查问题。

（2）希望调查机构提供全过程服务还是部分服务。

（3）希望与调查机构长期合作还是短期合作。

（4）希望调查机构提交调查报告的最后期限是什么时候。

（5）调查预算是多少。

（6）调查结果是归企业独家享用，还是与调查机构共享。

2. 选择中

企业在选择独立性调查机构时，应了解和考虑以下几个因素：

（1）初步选择，找出若干家较适合企业需求的市场调查机构。

（2）了解调查机构的声誉和资历。

（3）了解调查机构的业务能力和专业水平。

（4）了解调查机构的经验及财力。

（5）了解调查机构的软、硬件条件，包括公司规模、公司设施、调查工具、调查方式、人员素质等。

（6）了解调查机构报价及其收费的合理性。

通过对以上各项的分析、评估，把所要选择的目标机构缩减到最有可能的 2～3 个，分别联系，要求各调查机构提供调查建议书。调查建议书的内容通常包括：工作人员的数量、专业水平、实际工作经验和能力，抽样调查的方法和技术，拟订问卷的构思与问卷样本，选择调查人员的标准与培训计划，对问卷有效性的监督管理措施，制作图表所需时间的估计，项目费用预算情况等。

通过对调查建议书的比较、分析，进一步了解各家机构的项目适应性，最终选择一家综合评分最高的机构。

3. 选择后

企业在确定了待聘调查机构后，就应当与之签订代理调查合约。

专业市场调查机构属于营利性组织，委托代理关系是一种商业关系，为了使双方的利益都能得到有效的保障，必须签订代理合约来明确双方的权利和义务。代理合约一般应包括以下内容：

（1）调查范围与调查方式

以此来要求调查机构围绕调查目标进行策划和设计。调查方式由调查机构确定，其他如调查对象、走访次数和形式等也可以写入合约。

（2）预算

企业提供金额，调查机构认为在此范围内可以完成调查，便接受委托。合约中应写明应付金额，并注明每个项目的开支情况，如劳务费、礼品费、管理费以及利润等。另外，要避免采用按日结付方法，这对企业不利。预算中还可以注明对于超预算的追加款项的处理方法，一般可接受 10% 的追加款。

（3）付款条件

一般采取按调查进度分期付款的方式，如果双方合作多次，信任程度较高，也可采取事前或事后付款方式。如果涉及国际市场，还要考虑货币种类及汇率问题。

（4）人员配备

合同中注明人员配备情况，有利于委托方对承担调查工作的每个人员进行指导和监督。

（5）期限

合同中应约定期限，超期未能完成调查项目的处理办法也应一并注明，通常是扣除一定的金额。

（6）调查成果

调查成果通常是以书面形式记录和反映的调查报告。调查报告应有调查结果、分析、营销策略、趋势预测等内容，有的还要求提供当地生产厂商、经销商及客户的相关资料等，应在合约中注明。

课堂实训

背景资料

世界上著名的第三方调查机构有很多，就汽车行业而言，最重要的第三方调查机构无疑便是J.D.Power了。J.D.Power的创始人J.D.Dave Power在通用汽车公司任高级市场调查员期间认识到了一个重要的问题：当时美国企业的经理人习惯于让各种调查报告适应自己的需要，否则他们就要求反复修改、调整调查报告，直到最终结果与他们所期望的结果一致，而且，出资做调查的企业，往往并不针对调查报告所提出的问题进行认真研究。认识到这个问题后，1968年，J.D.Dave Power创办了J.D.Power，专门从事汽车产业调查、研究工作，形成的主要调查报告有四种：新车质量调查（IQS），售后满意度调查（CSI），汽车性能、运行和设计调查（APEAL），销售满意度调查（SSI）。不久，美国汽车企业高管逐渐重视来自J.D.Power的调查报告，现在J.D.Power的调查报告已成为汽车制造商和服务提供商日常运营必不可少的依据。

任务

以4～5位同学为一组，讨论以下问题：

1. J.D.Power的创始人基于何种原因创办市场调查公司？

2. 采用第三方调查机构进行市场调查有何优缺点？

实训指导

J.D.Dave Power在通用汽车公司的工作实践中敏锐地发现了新的市场需求：汽车公司决策层通过自己的市场部门所获得的调查信息会受到高层经理的主观意志影响，导致决策不科学，因而汽车公司的决策者们希望能得到较客观的市场信息。

采用第三方调查，所获得的信息由专业公司提供，其丰富的经验积累会使调查过程更加科学。第三方调查机构是两个主体外的一个客体，和两个主体都有联系，但都没有任何利益冲突，容易站在公正、公平、客观、事实的角度，因此调查结果会更加客观、可靠。但采用第三方调查机构进行市场调查的费用会较高。

思考与练习

一、简答

1. 市场调查机构有哪些类型？

2. 选择市场调查机构时，应考虑哪些因素？

3. 和市场调查机构签订的代理调查合约应包括哪些要素？

二、案例分析

某企业想投资开办一家咖啡厅，因此需要研究当地消费者的咖啡消费习惯，以考虑如何有效地进入市场和进行准确的市场定位。该企业找了三家本地刚成立的市场调查机构，同时找了一家全国知名市场调查机构在当地的分支机构。同是一个项目，同样的调查方法和样本量，知名调查机构与本地调查机构之间的差价竟然有 4 万元。根据调查机构报价的高低，该企业最后选择了价格最低的那家调查机构。

问题：

1. 为什么不同调查机构报价会有较大差距？

2. 联系本课题内容，你认为该企业的选择是否恰当？为什么？

三、实践演练

在网上搜索一下，查查有哪些知名的独立调查机构，并浏览其中两家调查机构的网站，查阅它们的成功案例，搜索它们的招聘职位及要求。

课题二 设计市场调查方案

"7－11"便利店开设之初，请某调查机构进行市场调查。该调查机构选择家庭主妇为调查对象，对"7－11"便利店流通模式的发展前景展开了市场调查。

调查发现：①超级市场林立；②家庭用车普及；③消费者每周购物次数减少，而每次购物消费额增加。

很显然，调查结果认为"7－11"便利店的经营环境非常不利。但是，后来的实践证明，"7－11"便利店不但站稳脚跟，而且持续多年高速成长，直到今天仍是相当成熟的零售业型态。

阅读案例，思考以下问题：

■该调查机构为什么选择家庭主妇为调查对象？

■该调查机构调查失败的原因是什么？

一、市场调查方案的含义

市场调查方案是指在执行市场调查项目之前，根据市场调查的目的和要求，对调查的各个方面和全部过程所做的通盘规划和整体工作安排。这里所讲的调查工作的各个方面是对调查工作的横向设计，就是要考虑调查所涉及的各个组成项目。例如，对某市商业企业竞争能力进行调查，就应将该市所有商业企业的经营品种、质量、价格、服务、信誉等方面作为一个整体，对各种既相互区别又密切联系的调查项目进行整体考虑，避免调查内容出现重复和遗漏。这里所说的全部过程，则是对调查工作纵向方面的设计，它是指调查工作所需经历的各个阶段和环节，即调查资料的收集、整理和分析等。

市场调查方案是否科学、可行，关系到整个市场调查工作的成败。从认识上讲，设计市场调查方案是从完整性认识过渡到定量认识的开始阶段；从实践要求上讲，凡事预则立，设计市场调查方案能够指导后续调查工作的方向；从工作程序上讲，设计市场调查方案要对整个调查工作先作出统一考虑和安排，从而保证调查工作有秩序、有步骤地顺利进行，减少调查误差，提高调查质量。

二、设计市场调查方案的流程

设计市场调查方案的流程如图 3—1 所示。

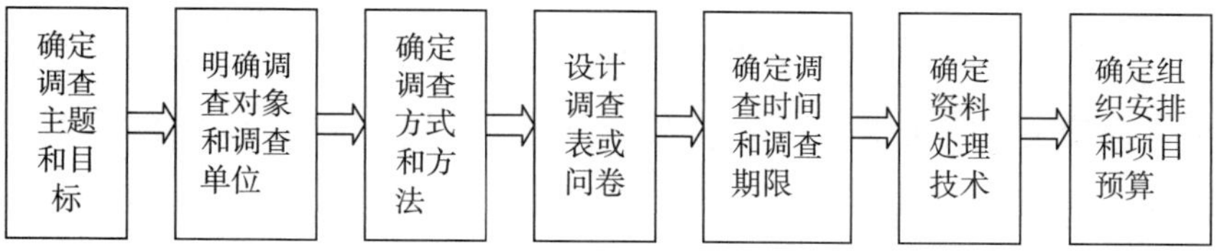

图 3—1　设计市场调查方案的流程

1. 确定调查主题和目标

确定调查主题和目标与明确调查目的的含义相同，这部分内容见模块二。

2. 明确调查对象和调查单位

确定调查主题和目标之后，就要明确调查对象和调查单位了，这主要是为了解决“向谁调查”和“由谁来具体提供资料”的问题。调查对象就是根据调查主题和目标来确定调查的范围以及所要调查的总体，它是由某些性质相同的许多调查单位所组成的。调查单位就是调查总体中的个体，即调查对象中的一个个具体单位，它是调查中要调查登记的各个调查项目的承担者或信息源。例如，为了研究某市各广告公司的经营情况及存在的问题，需要对全市广告公司进行全面调查，那么，该市所有广告公司就是调查对象，每一个广告公司就是调查单位。又如，如果想调查某校学生是否购买笔记本电脑，那么调查对象应是全校所有学生，该校每一个学生就是调查单位。

在确定调查对象时，必须根据调查主题和目标严格规定调查对象的含义，并指出它与其他有关现象的界限。例如，以城市职工为调查对象，就应明确职工的含义，划清城市职工与非城市职工、职工与居民等概念的界限。

3. 确定调查方式和方法

市场调查方式是指市场调查的组织形式，通常有全面调查、重点调查、抽样调查三种方式。调查方式的选择应根据调查的目的和任务、调查对象的特点、调查费用的多少、调查的精度要求作出选择。

市场调查的常用方法如图 3—2 所示。究竟选用何种方法，应考虑调查资料收集的难易程度、调查对象的特点、数据取得的源头、数据的质量要求等因素。

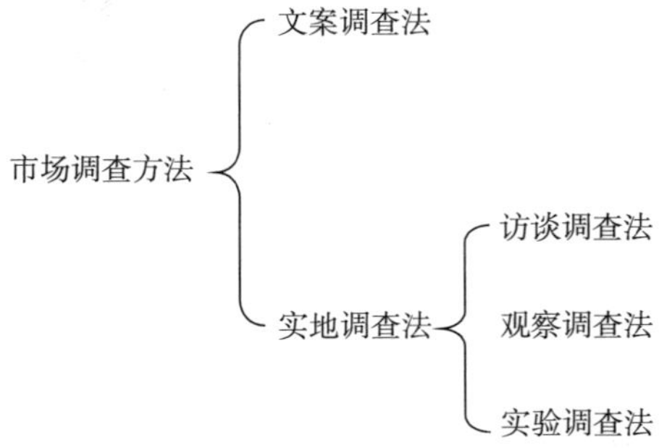

图 3—2　市场调查的常用方法

4. 设计调查表或问卷

调查表或问卷既可作为书面调查的记载工具，又可作为口头询问的提纲。调查表是用纵横交叉的表格按一定顺序排列调查项目的形式；问卷是根据调查项目设计的对被调查者进行调查、询问、填答的测试试卷，是市场调查收集资料的常用工具。

5. 确定调查时间和调查期限

调查时间是指调查资料的所属时间，即应收集调查对象何时的数据。调查时期现象（如收入、支出、产量、产值、销售额、利润额等流量指标）时，应确定数据或指标项目的起止时间；调查时点现象（如期末人口、存货、设备、资产、负债等存量指标）时，应明确规定统一的标准时点（如期初、期末或其他时点）。

调查期限是指整个调查工作所占用的时间，即一项调查工作从调查策划到调查结束的时间长度。通常应根据调查项目的难易程度、工作量大小、时效性要求等合理确定调查期限，并制定调查进度安排表。

6. 确定资料处理技术

主要应确定资料处理的基本目标和要求、数据资料的处理技术、使用的分析软件、数据资料的处理结果及形式等。一般来讲，常用的资料处理软件是 Excel 和 SPSS。

7. 确定组织安排和项目预算

根据调查工作量的大小，明确调查工作对调查人员的要求及需求规模，确定调查人员的选择、培训和组织等。企业委托外部市场调查机构进行市场调查时，还应对双方的责任人、联系人、联系方式等作出规定。设定调查需要的必备物资，充分考虑各项可能的开支因素，尽可能确切地估算所需经费总额。

课堂实训

背景资料

在国内休闲服装市场品牌众多、市场竞争异常激烈的形势下，广东某服饰公司欲开发一种新款男性休闲服装，以期培育新市场。公司决策层决定委托A市场调查公司开展市场调查，帮助公司确定如何进行产品定位及如何制定营销策略，从而使新开发的服装成功进入市场。

任务

以4～5位同学为一组，阐述该项目调查方案的设计。

实训指导

一、确定调查主题和目标

1. 与委托方接洽，了解调查需求。

2. 收集资料，分析问题的背景。

3. 确定市场调查的主题和目标。

本次调查的主题是真实反映休闲服装市场的竞争状况，为新款服装的定位及决策提供科学依据。

确定本次调查项目的目标如下：

（1）了解目前休闲男装市场的竞争状况和特征。

（2）了解竞争对手的市场策略和运作方法。

（3）了解休闲男装市场的渠道模式和渠道结构。

（4）了解消费者对休闲男装市场的消费习惯和偏好。

（5）了解休闲男装市场的品牌三度（知名度、美誉度、消费者忠诚度）情况。

（6）了解消费者对休闲男装产品的认知和看法。

二、明确调查对象和单位

1. 信息资料及来源界定

围绕调查主题，需要收集下列资料：

（1）同类企业（竞争对手）的相关资料、休闲男装市场的背景资料。这些资料主要通过互联网、委托企业获得。

（2）零售商与代理商经营情况资料。这些资料在委托方提供名录后，通过有针对性的实地调查获得。

（3）消费者信息资料。这些资料要调查人员选定调查的个体对象后获取。

2. 调查范围界定

该公司服装销售渠道是本地及国内其他城市的商场专柜、专卖店，消费者为成年男性，竞争对手为国内同类产品的生产厂家。可选择广东省内的广州、深圳、东莞三座城市，广东省外的南宁、福州、上海、武汉、成都五座城市作为调查地，并且以这些城市的商业中心为焦点，同时考虑一些中、高档生活小区。

3. 调查单位界定

调查对象是调查范围及需要调查现象的总体，调查范围确定后，则可确定所要调查的单位为：

（1）零售商：商场的零售专柜经营者。

（2）代理商：专卖店经营者。

（3）消费者：成年男性。

三、确定调查方式和方法

根据所确定的资料来源和调查对象，考虑调查工作的人力状况与财力预算，可采用多种方式和方法开展调查。

1. 采用抽样调查方式得到调查样本对象。

2. 采用文献调查法收集行业背景资料。通过检索同类企业的经营资料、相关网站与媒体提供的信息资料等，获取目前休闲男装市场的竞争状况和特征、竞争对手的市场策略和运作方法等。

3. 采用访谈调查法、观察调查法获取零售商、代理商的资料。对于调查城市的零售商、代理商进行全面调查，收集原始资料。

四、设计调查问卷

调查问卷的主要内容应包括：消费者所在单位及职业、对于休闲男装的着装偏好、曾经购买休闲男装的情况、最近购买意愿、对于休闲男装品牌的认知等。

五、确定调查时间和调查期限

1. 调查时间：2018 年 10 月 1 日至 2018 年 10 月 15 日。

2. 本项调查工作完成期限为 2018 年 10 月 30 日。

六、研究资料处理技术

1. 数据信息录入技术

数据录入利用 Excel 软件或 SPSS 软件完成。

2. 数据信息分析技术

可以使用专业的市场调查分析软件 SPSS 对问卷进行数据分析，也可以使用 Excel 软件的统计分析功能进行数据分析。

七、确定组织安排和项目预算

1. 每个调查城市派 1 名督导员、1 名调查人员实施管理工作。

2. 每个调查城市招聘 10 名在校大学生为市场调查员，主要为女性，有经验者优先录用。

3. 人员培训要统一制作培训资料，内容应涉及职业道德、访谈技巧、项目内容介绍、模拟演练等。

4. 经费预算由调查组负责人与公司管理者商议确定。

在以上基础上再撰写市场调查方案设计书。

思考与练习

一、简答

1. 如何理解设计市场调查方案的含义及意义？

2. 市场调查的常用方法有哪些？

3. 调查对象和调查单位的定义是什么？

二、案例分析

“最近两年，宠物食品市场空间增加了两三倍，竞争把很多国内企业逼到了死角。”在上海做宠物食品生意的李老板注意到这则信息后，立刻意识到：渠道相近，谁开发出好的产品，谁就有前途。以前做生意靠经验，现在产品设计要建立在科学的市场调查基础上。意识到这点后，李老板决定开始为产品设计做消费群体调查。

为了能够了解更多的消费信息，李老板设计了精细的问卷，在上海选择了1 000个有宠物的消费者作为调查样本，调查内容涉及价格、包装、食量、周期、口味、配料等方面，几乎覆盖了所能想到的全部因素。

不久，李老板的新配方、新包装狗粮产品上市了，旺销持续了一个星期，随后便全面萧条，后来产品在一些渠道甚至遭到了抵制。过低的销量让李老板很惊讶：“经过科学调查设计的产品为什么还不如以前我们凭感觉设计的产品更有市场？”

三个月后，新产品被迫从终端撤回，产品革新宣告失败。李老板从此逢人便说市场调查是多余且无用的。

问题：

1. 你认同李老板认为“市场调查是多余且无用的”的观点吗？
2. 联系本课题内容，你认为李老板失败的原因在哪里？

三、实践演练

以3～4位同学为一组，先在网上搜索几篇市场调查方案书作为参考样本，再从下面给出的题目中选择1个选题完成市场调查方案书设计。

1. 汽车市场的个体消费需求调查。
2. 中职学生求职意愿及需求调查。
3. 中职学生消费状况调查。
4. 中职学生上网情况调查。

模块四　确定市场调查工具

调查的总体方案确定后，接下来就要对具体的调查工作进行筹划，设计并确定好市场调查的工具，主要包括选择市场调查技术、制定抽样调查方案、设计市场调查问卷等。

学习目标：

1. 掌握市场普查、市场典型调查、市场重点调查、市场抽样调查的含义及特点
2. 掌握市场调查问卷设计的步骤及原则
3. 能制定抽样调查方案
4. 能完整地设计一份市场调查问卷

课题一 选择市场调查技术

我国的人口普查每10年举行一次，在年号末位逢“0”的年份举行。为了保证普查质量，我国的人口普查采用预查制，并进行事后抽样复查。第六次全国人口普查的标准时点是2010年11月1日零时，人口普查的对象是在中华人民共和国境内（不包括中国香港、澳门和台湾地区）居住的自然人，普查内容包括性别、年龄、民族、受教育程度、行业、职业、迁移流动、社会保障、婚姻生育、死亡、住房情况等。

阅读案例，思考以下问题：

■人口普查数据对于企业经营者来说有何意义？

■普查和抽样复查有何区别？

根据市场调查的组织方式不同，市场调查分为全面市场调查和非全面市场调查。

全面市场调查是对市场调查对象总体的全部单位都进行调查，具体技术是市场普查。非全面市场调查是对市场调查对象总体中的一部分单位进行调查，常用的技术有市场典型调查、市场重点调查、市场抽样调查等。

一、市场普查

1. 市场普查的含义

市场普查也称市场全面调查或市场整体调查，它是对市场调查对象总体的全部单位无一例外地逐个进行调查，目的是了解市场的一些至关重要的基本情况，对市场状况作出全面、准确的描述，从而为制定市场有关政策、计划提供可靠的依据。

2. 市场普查的特点

（1）普查资料的准确性和标准化程度比较高，作为制定政策、计划的依据，其可靠程度比较高。

（2）普查适合于了解宏观、中观、微观市场的一些至关重要的基本情况，准确了解调查总体的特征。

（3）普查的费用比较高，调查工作的时间较长，应急性和时效性较差，调查工作量大。因而普查只适宜对总体的基本特征进行研究，对组成总体的每个单位不作更多的具体分析。

3. 市场普查的注意事项

（1）普查项目必须简明，要统一规定调查项目。

（2）普查的时间必须统一，要确定一个统一的调查时点（也叫标准时点）。

（3）要统一调查步骤和方法。

（4）要选择适当的调查时间，完成普查任务应迅速。

二、市场典型调查

1. 市场典型调查的含义

市场典型调查是在对市场现象总体进行分析的基础上，从市场调查对象中选择具有代表性的部分单位作为典型，进行深入、系统的调查，并通过对典型单位的调查结果来认识市场现象的本质和规律。

2. 市场典型调查的特点

（1）由于调查的典型单位少，可以节省大量的人力、财力、物力。

（2）调查内容可以深入、全面、细致地研究市场现象的本质和规律，在时间上也比较节省。

（3）在选择典型单位时难以完全避免主观随意风险。对于调查结论的适用范围，只能根据调查者的经验判断，无法用科学的手段作出准确测定。

3. 市场典型调查的注意事项

（1）必须正确选择典型单位

正确选择典型单位是保证市场典型调查可行性的关键。所谓典型单位就是对总体具有代表性的单位，也就是说典型单位必须具有市场现象的一般性，而不是指某些特殊的现象。一般来说，在选择典型单位时大致有两种做法：一种是从市场调查总体中直接选择典型单位；另一种是在市场调查总体分类后，从各类中选择典型单位。前者适用于市场现象发展比较平衡，总体各单位之间无明显差异的情况，此时从总体中直接选择典型单位即可保证对总体的代表性；后者适用于市场现象总体不平衡，总体各单位之间具有明显差异的情况，且这种差异可以将总体划分为若干类别，此时，应从各类中选择典型单位。

（2）典型调查必须把调查与研究结合起来

典型调查只有在调查过程中认真研究市场现象，才能从特殊事物中找到它的一般性，才能得到对市场现象本质和规律的认识。

（3）要正确应用典型调查的结论

应严格区分典型单位所具有的代表同类事物的普遍性一面和典型单位本身由一定的条件、环境和因素所决定的特殊性一面。必须对这两方面内容加以区分和说明，而且要特别说明其普遍性所适用的范围。

三、市场重点调查

1. 市场重点调查的含义

市场重点调查是从市场调查对象总体中选择少数重点单位进行调查，并用对重点单位的调查结果反映市场总体的基本情况。这里的重点单位是指其数量在总体中所占比重不大，但其某一数量标志值在总体标志总量中所占比重较大的调查单位。通过对这些重点单位的调查，就可以了解总体某一数量的基本情况。

在市场现象中，适合用重点调查方法进行调查的有很多，如从全国众多的钢铁企业中，选择宝武集团、河钢集团、沙钢集团、鞍钢集团、首钢集团、山东钢铁、建龙重工、华菱钢铁集团等几个重点企业进行调查，就能大致了解全国钢铁生产的状况，因为这些重点钢铁企业的产量占全国钢铁产量的 50%以上。又如，通过对山东、江苏、湖北、河南、河北五省重点产棉区棉花产量的调查，就能掌握全国棉花生产的基本情况。再如，通过对全国各大城市大型商业企业商品零售额的调查，就可以了解全国商品零售额的基本情况。

2. 市场重点调查的特点

（1）调查单位数目不多，调查工作量小，易于组织，可节省人力、物力、财力和时间。

（2）若总体各单位发展比较平衡，呈现均匀分布时，则不能采用市场重点调查。

（3）当总体中的少数重点单位与众多的非重点单位的标志值结构不具有稳定性时，市场重点调查的结果只能说明总体的基本情况，而不能用来推断总体的数量特征。

3. 市场重点调查和市场典型调查的区别

（1）选择调查单位的标准不同

市场典型调查必须选择对总体具有代表性的单位，而市场重点调查选择的是总体中的重点单位。

（2）调查的目的不同

市场典型调查通过对典型单位的研究，可以认识同类现象的本质和规律，借以达到由特殊到一般的认识目的；市场重点调查则是通过对重点单位的调查，认识总体的基本情况。

四、市场抽样调查

1. 市场抽样调查的含义

市场抽样调查又称概率抽样调查或随机抽样调查，是指调查者为了特定的调查目的，按照随机原则从调查总体中抽取一部分单位作为样本而进行的一种非全面调查，其目的是根据样本调查的结果来推断总体的数量特征。

2. 市场抽样调查的特点

（1）应用广泛，调查方式科学，调查费用较少，信息获取有实效，调查结果准确性高。

（2）抽样调查方案设计技术较复杂，要求高，一般人员难以胜任。

由于市场抽样调查技术应用最为广泛，制定抽样调查方案较为复杂，后面将专设课题予以介绍。

课堂实训

背景资料

做好售后服务工作，既是汽车制造商对汽车4S店的管理要求，也是汽车4S店获得回头客的关键所在。客户送车进厂维修养护后，汽车4S店和汽车制造商都可能会安排专人对客户进行电话跟进调查，调查客户对汽车4S店各工作流程服务质量的满意度。

任务

以2～3位同学为一组，讨论并回答以下问题：

1. 做好售后服务工作对汽车制造商和汽车4S店各有何意义？

2. 汽车制造商和汽车4S店对客户调查时，采用的调查技术分别是市场普查还是市场抽样调查？为什么？

实训指导

一、做好售后服务工作的意义

1. 对汽车制造商

售后服务是产品营销的最后过程，也是再营销的开始，它是一个正向反馈的长期循环的过程。好的售后服务可以提升产品的整体价值，有助于树立企业品牌，增强竞争能力，提高推销工作的效率及效益；可以提高客户对企业品牌的满意度，提升重复购买率，扩大产品的市场占有率；企业在做好售后服务的过程中，能够进一步了解客户和竞争对手更多的信息，并从中了解和获取更多关于改进产品和创新产品的信息。

2. 对汽车4S店

好的售后服务是一种广告，是为企业赢得信誉的关键环节，并可以带动汽车的销售；能与客户进一步增进感情，为下一步合作打下基础，保住和得到回头客的增值利润；售后服务的过程也是服务人员积累经验、提高技巧、增长才干的过程。

二、采用的调查技术

1. 汽车制造商对客户调查时，通常采用的是市场抽样调查技术，因为汽车制造商的调查目的在于监督4S店管理是否到位，并对所有4S店的管理水平进行评比，面对的客户数量多且分布广，如采用市场普查，工作量大且成本高，因而只需要在保证调查结果的可信度条件下采用抽样调查，即可达到调查目的。

2. 4S店对客户调查时，通常采用的是市场普查技术，因为4S店的调查目的在于严格管理工作流程，监督员工的服务水平，并获取客户的信息资料及意见反馈，面对的客户数量不太多且分布较窄，采用普查方式能达到调查目的，且其工作量和成本都容易被接受。

思考与练习

一、简答

1. 市场调查技术有哪些类型?

2. 市场普查有哪些特点?

3. 市场重点调查和市场典型调查有何异同?

二、案例分析

某公司想对旗下所有店铺的员工开展一次培训，为此需要进行培训内容需求的调查。负责此次调查的小李在对全部38家店铺进行粗略分析的基础上，认为A店在公司所有店铺中无论是开店年限、规模、营业额、员工数量还是所处区域都具有较强的代表性，因而决定选择A店员工作为调查对象。

在征得经理同意后，小李通过问卷调查的方式对A店所有员工进行了培训内容需求调查，并统计、分析了调查结果。后来的实践证明，公司组织的培训效果非常好，小李也为此获得了公司表彰。

问题:

小李获得公司表彰的原因是什么？他采用的是哪种调查技术?

三、实践演练

欲调查全校学生的月生活费用水平，如分别采用市场重点调查技术和市场典型调查技术，请讨论确定调查对象的思路。

课题二　制定抽样调查方案

某职业学校的小张同学为了调查全校学生使用手机的价格区间和品牌占比情况，利用周末到图书馆随机调查访问了50位同学，并统计了调查结果在课堂上予以展示，但当场被其他同学质疑此调查结果与平时所感觉的实际情况不相符，有的同学更是断定小张同学的调查过程造假。小张同学极其气愤，马上展示其原始调查资料进行回击，双方在课堂上争论起来，谁也说服不了对方。

阅读案例，思考以下问题：

■你会认同小张同学的调查结果吗？为什么？

■如果你不认同小张同学的调查结果，你认为抽选调查对象的方法应如何改进？

根据抽选样本的方法，抽样调查可以分为概率抽样和非概率抽样两类，每类又各包括几种具体的方式，如图4—1所示。

一、概率抽样

概率抽样是指按一定程序，依照随机原则从总体中抽出一部分个体组成样本，通过研究样本，从数量上对总体的某些特征作出估计推断，并对推断可能出现的误差从概率意义上加以控制的一种抽样方法。

1. 简单随机抽样

简单随机抽样是指从总体 N 个单位中任意抽取 n 个单位作为样本，使每个

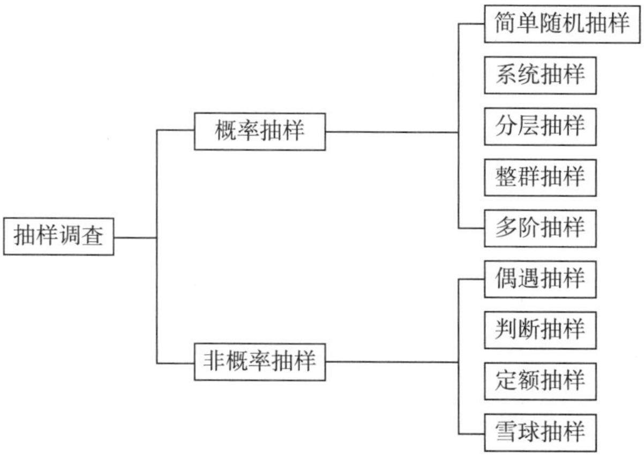

图 4—1　市场抽样调查的分类

可能的样本被抽中的概率相等的一种抽样方式。

简单随机抽样一般可采用直接抽取、掷骰子、抽签、查随机号码表等办法抽取样本。在统计调查中，由于总体单位较多，前三种方法较少采用，主要运用查随机号码表法。

查随机号码表法就是利用随机号码表抽取样本的方法。随机号码表又称乱数表（见表 4—1），它是将 0～9 的 10 个自然数，按编码位数的要求（如两位一组、三位一组、五位一组、十位一组等），利用特制的摇码器（或计算机），自动地逐个摇出（或计算机生成）一定数目的号码编成表，以备查用。

表 4—1　随机号码表

03	47	43	73	86	36	96	47	36	61	46	99	69	81	62
97	74	24	67	62	42	81	14	57	20	42	53	32	37	32
16	76	02	27	66	56	50	26	71	07	32	90	79	78	53
12	56	85	99	26	96	96	68	27	31	05	03	72	93	15
55	59	56	35	64	38	54	82	46	22	31	62	43	09	90
16	22	77	94	39	49	54	43	54	82	17	37	93	23	78

要从 86 家店铺中抽选 9 家作为样本进行调查，利用查随机号码表法具体步骤如下：

第一步：将 86 家店铺编号，每一家一个编号，即 01～86。

第二步：在表 4—1 中，随机确定抽样的起点和抽样的顺序。假定从第二行、第四列开始抽，抽样顺序为从左至右（横的数列称为“行”，纵的数列称为“列”，此处第二行、第四列为数字67）。

第三步：依次抽出号码（两位一组，如遇到号码大于86的则舍去），由此产生9个样本单位号码为：67、62、42、81、14、57、20、42、53。

编号为以上这些号码的店铺就是此次抽样调查的对象。

2. 系统抽样

系统抽样是将总体中各单位按一定顺序排列，根据样本容量要求确定抽样间隔，然后随机确定起点，每隔一定间隔抽取一个单位的一种抽样方法。系统抽样的最主要优点是简便易行，且当对总体结构有一定了解时，充分利用已有信息对总体单位进行排列后再抽样，可提高抽样效率。

要从91家店铺中抽选9家作为样本进行调查，利用系统抽样法具体步骤如下：

第一步：将91家店铺顺序编号，每一家一个编号，如1～91。

第二步：确定抽样间隔。已知调查总体$N=91$，样本数$n=9$，则抽样间隔为N/n（取整数）=10。

第三步：确定起抽号码。先从前10号（抽样间隔）中随机抽取1个号作为起抽号码，如此次随机抽取的号码为6。

第四步：确定样本。从第6号（起抽号码）开始，按照抽样间隔将全部号码选取出来：6、16、26、36、46、56、66、76、86。编号为以上这些号码的店铺就是此次抽样调查的对象。

3. 分层抽样

分层抽样是将总体的N个单位分成互不交叉、互不重复的若干个部分，称为层；然后在每个层内分别抽选若干个样本，构成一个容量为n个样本的一种抽样方式。分层的作用主要有三点：一是为了工作的方便和研究目的的需要；二是为了提高抽样的精度；三是为了在一定精度的要求下，减少样本的单位数以节约调查费用。分层抽样是应用最为普遍的抽样技术之一。

某公司有1 000家店铺，按照店铺营业收入规模进行分类，其中年营业收入超过1 000万元的A类店有260家，年营业收入在600万～1 000万元的B类店有570家，余下的为C类店。公司现在欲抽选100家店铺作为样本，调查店铺毛利构成情况，利用分层抽样法具体步骤如下：

第一步：计算抽样比例。调查总体 N=1 000，样本数 n=100，则抽样比例为 $k=n/N$=10%。

第二步：确定层数及各分层数据。按营业收入规模的分类，宜分为三层；第一层（A 类）总体 N_1=260，第二层（B 类）总体 N_2=570，第三层（C 类）总体 N_3=170。

第三步：确定各层应抽取样本数。第一层（A 类）样本数 $n_1=k\ N_1$=26，第二层（B 类）样本数 $n_2=k\ N_2$=57，第三层（C 类）样本数 $n_3=k\ N_3$=17。

第四步：确定各层抽取的样本。此步可运用简单随机抽样或系统抽样法分层确定。

4. 整群抽样

整群抽样是将总体中各单位归并成若干个互不交叉、互不重复的集合，称为群；然后以群为抽样单位抽取样本的一种抽样方式。应用整群抽样时，要求各群有较好的代表性，即群内各单位的差异要大，群间差异要小。

某公司欲调查 A 县居民收入及消费情况，利用整群抽样法具体步骤如下：

第一步：确定调查总体。该县有 100 000 名居民，调查总体 N=100 000。

第二步：确定分群的标注，总体（N）分成若干个互不重叠的部分，每个部分为一群。按行政村来将居民分群，该县共有 100 个行政村，因此该县共有 100 个群。

第三步：根据各样本量确定应该抽取的群数。假如该例中确定抽取 6 个群。

第四步：采用简单随机抽样方法或系统抽样方法，从 100 个群中抽取 6 个群。

5. 多阶抽样

多阶抽样是指在抽取样本时，分为两个及两个以上的阶段从总体中抽取样本的一种抽样方式。其具体操作过程是：第一阶段，将总体分为若干个一级抽样单位，从中抽选若干个一级抽样单位入样；第二阶段，从入样的每个一级单位中各抽选若干个二级抽样单位入样，依次类推，直到获得最终样本。

某企业需要调查全省居民的购买情况，利用多阶抽样法步骤如下：

第一步：分层。对全省居民，按人均收入从高到低顺序将各县级行政区域进行排列，然后按人均收入高低将各县级行政区域分成三个层次，最后按人口比例在三个层次中共抽出 50 个县级行政区域。

第二步：粗分。在这 50 个单位中，在每一单位中按简单随机抽样法抽出 3 个村（居委会）。

第三步：细分。在抽出的 3 个村（居委会）中按简单随机抽样法抽出 5 户作为样本，所以最后样本数为 750（50×3×5）。

二、非概率抽样

非概率抽样就是调查者根据自己的方便或主观判断抽取样本的方法。

1. 偶遇抽样

偶遇抽样是指调查者根据实际情况，为方便开展工作，选择偶然遇到的人作为调查对象，或者选择那些离得最近的、最容易找到的人作为调查对象的一种抽样方式。

常见的未经许可的街头随访或拦截式访问、邮寄式调查、杂志内问卷调查等都属于偶遇抽样的方式。它的优点是花费小（包括经费和时间）、抽样单元接近、容易测量；缺点是存在选择偏差，如被调查者的自我选择、抽样的主观性偏差等。

2. 判断抽样

判断抽样是指基于调查者对总体的了解和自身经验，从总体中抽选有代表性的单位作为样本的一种抽样方式。这种方法的优点是能够发挥调查者的主观能动性，缺点是受主观因素影响较大。

某奢侈品企业需要调查全国居民的购买力情况，利用判断抽样法步骤如下：

第一步：分析。奢侈品消费者主要集中在发达的大城市及沿海开放地区。

第二步：判断。根据全国经济发展分布水平和地理位置，选择北京、上海、深圳、成都四个城市作为调查区域。

3. 定额抽样

定额抽样是指根据总体的结构特征来给调查者分派配额，以取得一个与总体结构特征大体相似的样本的一种抽样方式。配额保证了在这些特征上样本的组成与总体的组成是一致的。

假设某小区有 2 000 名居民，男性占 60%，女性占 40%，其中在职和未在职各占 50%；少儿、青年、中年及老年人分别占 30%、20%、40% 和 10%。现要用定额抽样法依上述三个变量抽取一个规模为 100 人的样本。

依据总体中各结构的构成比例和样本规模，可以得到下列定额表：

	男性（60）								女性（40）							
	在职（30）				未在职（30）				在职（20）				未在职（20）			
年龄	少儿	青年	中年	老年	少儿	青年	中年	老年	少儿	青年	中年	老年	少儿	青年	中年	老年
人数	9	6	12	3	9	6	12	3	6	4	8	2	6	4	8	2

4. 雪球抽样

雪球抽样是指先随机选择一组调查对象，访问这些调查对象之后，再请他们提供另外一些属于所研究目标总体的调查对象，根据所提供的线索，选择此后调查对象的一种抽样方式。

例如，要调查退休老人对旅游产品的消费偏好，可以清晨到公园结识几位散步的老人，再通过他们结识其朋友，由此可以调查一大批老年朋友。

课堂实训

背景资料

某职业学校的基本情况如下：共有5个系，其中3个工科系、2个文科系；工科A系500人，男女比例为7∶3；工科B系400人，男女比例为6∶4；工科C系360人，男女比例为8∶2；文科D系480人，男女比例为3∶7；文科E系660人，男女比例为6∶4。

任务

现欲调查该校学生使用手机的价格区间和品牌占比情况，计划抽查120人，请设计一份较科学的抽样调查方案。

实训指导

一、确定调查总体（*N*）和抽样样本（*n*）

调查总体（*N*）为全校学生数，N=500+400+360+480+660=2 400；计划抽查120人，n=120。

二、根据调查目的，分析总体（*N*）的构成特点

学生选择手机，通常会与性别、系别有关，因而设计抽样方案时应将性别、系别这两个关键变量考虑进去。

三、设计抽样方法

根据已有资料及总体构成特点，总体上宜采用定额抽样方式将抽样名额按人数比例分配到各系，然后各系再采用系统抽样方式选出待调查个体。

四、计算样本指标

抽样比例为 $k=n/N=120/2\ 400=0.05$，根据抽样比例及各系男女生比可计算出：

工科 A 系抽样样本 $n_1=k\ N_1=0.05\times500=25$，其中：男生 18 人，女生 7 人。

工科 B 系抽样样本 $n_2=k\ N_2=0.05\times400=20$，其中：男生 12 人，女生 8 人。

工科 C 系抽样样本 $n_3=k\ N_3=0.05\times360=18$，其中：男生 14 人，女生 4 人。

文科 D 系抽样样本 $n_4=k\ N_4=0.05\times480=24$，其中：男生 7 人，女生 17 人。

文科 E 系抽样样本 $n_5=k\ N_5=0.05\times660=33$，其中：男生 20 人，女生 13 人。

五、制定抽样方案

各系将男、女生分别按顺序排列，根据分配的样本指标，再参照本课题系统抽样法案例，确定出全部 120 个待调查个体。

思考与练习

一、简答

1. 市场抽样调查有哪些具体的抽样调查方式？

2. 什么是分层抽样？什么是定额抽样？

二、案例分析

调查某城市居民的年收入情况需抽取 1 000 个样本。假定该市共有 500 个居委会，每一个居委会平均有 100 户居民。调查者以居委会为单位，采用概率抽样法抽出 10 个居委会，共 1 000 户居民，然后把这 10 个居委会的 1 000 户居民视为样本进行普查。

问题：

该调查采用了抽样调查的哪种具体方式？

三、实践演练

某市有 200 所小学，共 120 000 名学生。这些小学分布在全市的 5 个行政区内。其中示范小学 30 所，重点小学 70 所，一般小学 100 所。现在要从全市的小学生中抽取 1 200 名小学生进行牛奶消费情况的调查，请制定相应的抽样调查方案。

课题三　设计市场调查问卷

某职业学校学生会在校园开展了一次有关吸烟情况的问卷调查，目的是教育全校同学抵制吸烟。部分问卷内容如下：

1. 您的性别？（单选）

A. 男　　　　B. 女

2. 您是否抽烟？（单选）

A. 是　　　　B. 否

3. 您是否认为抽烟对身体有害？（单选）

A. 是　　　　B. 否

4. 有人认为被动吸烟会导致肺癌，您同意吗？（单选）

A. 不同意　　　　B. 不知道　　　　C. 同意

5. 您一天抽多少支烟？（单选）

A. 0　　　　B. 1 ~ 5　　　　C. 5 ~ 20

……

调查统计结果非常理想：全校 99.5% 的同学都不吸烟，并能深刻认识到吸烟的危害。

阅读案例，思考以下问题：

■你会认同此次调查结果吗？为什么？

■如果你不认同此次调查结果，那你认为调查问卷内容应如何改进？

一、认识市场调查问卷

市场调查问卷又称调查表或询问表，是以问题的形式系统记载调查内容的一种印件。问卷的形式包括表格式、卡片式、簿记式等。通过市场调查问卷，可以收集、记录、整理和分析有关市场的信息资料，从而了解市场发展变化的现状和趋势，为企业经营决策提供依据。

一份比较完善的市场调查问卷（后面简称问卷）通常由三部分组成：前言、主体内容和结束语。

问卷前言主要是对调查目的、意义及填表要求等的说明，包括问卷标题、调查说明及填表要求。前言部分文字须简明易懂，能激发被调查者的兴趣。

问卷主体内容是市场调查所要收集的主要信息，它由一个个问题及相应的选择项目组成。通过主体部分问题的设计和被调查者的答复，市场调查者可以对被调查者的个人基本情况和对某一特定事物的态度、意见倾向以及行为有较充分的了解。

问卷结束语主要表示对被调查者合作的感谢，记录调查人员姓名、调查时间、调查地点等。结束语要简短明了，有的问卷也可以省略。

二、市场调查问卷设计的步骤

问卷设计是一项十分细致的工作，一份好的问卷应做到：内容简明扼要，信息包含全面；问卷问题安排合理，合乎逻辑，通俗易懂；便于对资料分析处理。

问卷设计是由一系列相关的工作过程构成的。为使问卷具有科学性、规范性和可行性，一般可以参照以下步骤进行。

1. 研究调查目的、调查对象

设计问卷前，设计人员应了解清楚决策问题和调查问题，认真研究调查目的，与调查人员探讨、分析被调查者的特征。如果这一步工作做得好，后面的步骤就会更顺利、更有效。

2. 确定数据收集方法

获得调查数据可以有多种方法，主要有街上拦截访问法、电话调查法、上门访谈法与留置访问法等，每一种方法对问卷设计都有影响。例如，街上拦截访问法有着时间上的限制，问卷应设计得尽量精简；电话调查法需要丰富的词汇来描述一种概念，以使被调查者理解；采用上门访谈法，调查人员可以给被调查者出示图片以解释或证明概念；留置访问法则要求问卷设计得非常清楚且相对简略，因为调查人员不在场，没有澄清问题的机会。

3. 确定问题回答形式

问题回答形式通常有开放式问题、封闭式问题、量表应答式问题三种。

（1）开放式问题

开放式问题是一种被调查者可以自由地用自己的语言来回答和解释有关想法的问题类型。也就是说，调查人员没有对被调查者的意向选择进行任何限制。

（2）封闭式问题

封闭式问题是一种需要被调查者从一系列应答项中作出选择的问题。

（3）量表应答式问题

量表是对主观、抽象概念的定量化测量工具，又称测量尺度。量表应答式问题则是以量表形式设置的问题。

在多项选择式问句中，有一种专门用于测量程度的量表，它有对称性量表和非对称性量表两种形式。如下所示：

对称性量表

好	较好	一般	较差	差
（ ）	（ ）	（ ）	（ ）	（ ）

非对称性量表

很好	好	较好	一般	差
（ ）	（ ）	（ ）	（ ）	（ ）

4. 决定问题的措辞

（1）用词必须清楚。

（2）避免诱导性的用语。

（3）考虑被调查者回答问题的能力。

（4）考虑被调查者回答问题的意愿。

5. 确定问卷的流程和编排

问卷不能任意编排，问卷每一部分的位置安排都应具有一定的逻辑性。有经验的市场调查人员很清楚问卷制作是获得访谈双方联系的关键。联系越紧密，调查者就越可能得到完整、有效的信息。

6. 评估问卷

一旦问卷草稿设计好后，问卷设计人员应对问卷进行批评性评估。在对问卷评估过程中，应当重点考虑以下问题：

（1）问题是否必要。

（2）问卷是否太长。

（3）问卷是否可以得到调查目标所需的信息。

（4）邮寄及自填问卷的外观设计是否合理。

（5）开放式问题是否留足空间。

（6）问卷说明是否用了明显字体。

7. 获得各方面的认可

问卷设计进行到这一步，问卷的草稿已经完成。草稿应获得各相关部门的认可，草稿的复印件应当分发到直接有权管理这一项目的各部门，待各相关部门提出要求后进行相应修改。这个过程要进行多次，以得到尽可能多的认可。

8. 预先测试和修订

当问卷已经获得管理层的最终认可后，还必须进行预先测试。在未经过预先测试前，不宜进行正式的问卷调查。通过预先测试，可以发现问卷中存在的错误解释、不连贯的地方、不正确的跳跃模型等；可以为封闭式问题寻找额外的选项以及发现被调查者的一般反应。预先测试也应当以最终访问的相同形式进行。例如，最终访问形式是入户调查，预先测试也应当采取入户调查的方式进行。

在预先测试完成后，任何需要改变的地方都应当切实修改。在进行实地调查前应当再一次获得各方的认同。如果预先测试导致问卷产生较大的改动，应进行第二次测试。

9. 准备最后的问卷

精心设计问卷的空间布局和数字编码，安排打印并做好监督和校对工作，有的问卷还可能要进行特殊的折叠和装订流程。

10. 实施

采用适当的方法，将打印好的市场调查问卷发放给调查对象，进入市场调查工作的实施阶段。

三、市场调查问卷设计的原则

1. 必要性原则

问卷所提问题应直接为调查目的服务，题目应是调查主题所必需的内容，没有价值的、无关痛痒的问题都不应列入。

2. 简单性原则

编写问卷要求语言简单、概念明确，问卷的规模不能太大，问题要少，任务容易操作，这样才能让被调查者有耐心完成问卷。

简单性原则应尽量避免：

· 双重对象。如“你认为 A 和 B 还有 C 是否……”

· 双重否定。如“难道你认为 A 不是不会……”

· 列举项太多。如“非常同意，比较同意，同意，不是很同意，不同意，非常不同意……”

3. 可行性原则

在设计问卷时，需要时刻考虑调查对象的身份、水平，分析他们的特点，站在调查对象的角度来审视问题，如这个问题会产生误解吗，好答吗，他们愿意回答吗等，从而避免出现被调查者难以回答或与被调查者距离太大的问题。

可行性原则须注意：

· 将事实和态度的问题区分开，因为事实比较明确，而态度通常模糊。

· 不要有太多的假设性问题，在几个假设性问题之后应设计一个真实问题。

· 减少涉及回忆的问题，需要时应进行引导和提供线索。

4. 客观性原则

问题不要带有倾向性，避免诱导性和暗示性问题。要坚持客观的态度，不可以使用带有某种感情色彩的词句，如褒义词、贬义词、否定问题等都应尽量避免。

客观性原则应尽量避免：

· 倾向性问题。如“很多人都觉得某商品外形亮丽，你认为……”

· 带感情色彩问题。如“你认为某公司的行为恶劣程度……”

· 诱导性问题。如“据报道，某品牌的市场占有率已经位列行业第一，贵店会考虑进货吗？……”

5. 准确性原则

某些概念的界定要清晰、准确并完整，避免模棱两可的含糊字眼。一个问题中只询问一项内容，不要随意为被调查者做假设。答案选项要准确详尽，避免互相交叉或包含。

准确性原则须注意：

· 概念界定清晰。如询问收入问题，应对收入的内容进行界定，是指工资收入、家庭收入还是个人收入，是税后收入还是税前收入，是否包括第二职业收入、投资收益、转移收入等。

· 一个问题只询问一项内容。如“你认为某衣服的做工和款式如何？”这个问题应该只问质量或只问款式。

· 选项全而不重叠。如“你认为店铺的折扣政策应该怎样调整？A. 增大；B. 降低”，此问题选项不全，缺少了“维持不变”这一选项。

6. 通俗性原则

问卷应使被调查者一目了然，并愿意如实回答。问卷语气要亲切，符合被调查者的理解能力和认知能力。避免使用过于生僻、专业的词语，必须使用时，应进行定义和说明。措辞要标准、规范、具体，防止不同被调查者对同一问题的理解不同，同时还有可比性。

7. 逻辑性原则

问题的排列应符合被调查者的思维逻辑，一般是先易后难、先简后繁、先客观后主观、先一般后特殊、先具体后抽象、先单选后多选、先封闭式问题后开放式问题，特别是敏感度较大的问题，更应安排在问卷的后面。还要充分考虑各个问题之间的相互关联性，如乙问题是在甲问题选择某个选项后才继续回答的，这个时候就应该特别注意问题的顺序安排。

8. 统计性原则

在问卷设计中，还要考虑被调查者对问题的回答是否便于进行量化统计和分析。

9. 适当性原则

一般情况下，入户访问的问卷可适当长些，回答问题的时间可以在 30 分钟左右；街头拦截式访问的问卷则要短些，回答问题的时间应控制在 15 分钟左右；邮寄调查和留置调查的问卷要更短一些，回答问题的时间应控制在 5 分钟左右。在问卷设计好之后，可以通过预先测试，对问卷再做适当的调整。

10. 艺术性原则

问卷设计要整洁美观、方便阅读，所提问题要有趣味、轻松，使被调查者乐于回答。

课堂实训

背景资料

某房地产公司以前一直只给用户提供毛坯房，总经理希望在新楼盘中为用户提供装修服务，这样既能解决用户装修的苦恼，同时又为公司开辟一个新的利润增长点。

总经理决定在签订购房合同的用户中进行全面调查，以获得以下问题的答案：①用户接受房地产公司装修服务的可能性；②哪些用户希望获得装修服务；③装修服务的内容和费用预算范围；④用户对装修服务的要求。调查由本公司销售员利用访问用户的机会进行。

任务

结合以上背景资料，请每个小组（以 3～4 人为一组）设计一份较科学的调查问卷初稿。

实训指导

一、调查问卷的前言设计

前言是问卷调查的自我介绍，其内容一般应包括：调查的目的、意义和主要内容，选择被调查者的途径和方法，对被调查者的希望和要求，填写问卷的说明，回复问卷的方式和时间，调查的匿名和保密原则以及调查者的名称等。为了能引起被调查者的重视和兴趣，争取他们的合作和支持，前言的语气要谦虚、诚恳、平易近人，文字要简明、通俗、有可读性。

二、调查问卷的主体设计

总的原则是：立足于调查目的，使问卷易于回答。具体的问题设计要符合本课题中所述的 10 个原则，由于是销售员当面访问签订购房合同者，被调查者通常会有热情和耐心来回答问卷，因此问卷主体可以充实些。

三、调查问卷的结束语设计

结束语可以是简短的几句话，对被调查者的合作表示真诚感谢；也可稍长一点，顺便征询一下被调查者对问卷设计和问卷调查的看法，以便后续改进。

四、整体审阅调查问卷

围绕调查目的，对问卷的整体进行反复通读、琢磨，查找并更正错漏，尤其要注意问题间的逻辑关联性是否合理。

以下为一组同学设计的问卷，供参考。

某房地产公司购房装修需求情况调查问卷

尊敬的各位先生、女士：

为了更好地满足各位的住房需求，本公司特别开展此项调查，以了解广大客户对购房装修的需求，以及对我公司房地产经营活动的期望和意见，以便于我们改进工作，提高服务水平。请您就下列问题，提供宝贵答案。为了保护您的隐私，本问卷采用不记名方式，请您如实填写答案。非常感谢您的合作。

基本资料

1. 性别：男（　）　女（　）

2. 年龄：30 岁以下　31～45 岁　46～55 岁　56 岁以上

3. 家庭人数：单身（　）　2～3 人（　）　4 人以上（　）

4. 购房户型：两房（　）　三房（　）　四房（　）　别墅（　）

意见调查

1. 您选择本公司房产的原因是（可多选）：

A. 地理位置好（　）　B. 价格适中（　）

C. 户型结构合理（　）　D. 物业管理水平高（　）

2. 购房时您是否将室内装修配套问题作为考虑因素？　A. 是（　）　B. 否（　）

3. 您希望收楼时的标准是：　A. 毛坯房（　）　B. 已装修（　）

4. 您最希望选择的装修方式是（单选）：

A. 自己设计并施工（　）　B. 自己设计，请人施工（　）

C. 专人设计，自己施工（　）　D. 请装修公司全包（　）

E. 房地产公司配套提供（　）　F. 其他（　）

5. 如果房地产公司提供相关装修配套服务，您希望该服务应包括哪些项目？（单选）

A. 提供统一标准的整套装修（ ）

B. 提供统一的装修材料、装修公司（ ）

C. 提供装修公司、装修材料、家具公司的有关信息（ ）

D. 提供装修过程的统一管理（ ）

E. 其他（ ）

6. 您需要了解装修公司的哪些信息？（最多选 2 项）

A. 企业实力（ ） B. 企业声誉（ ）

C. 设计水平（ ） D. 施工水平（ ）

E. 收费标准（ ） F. 售后服务（ ）

G. 其他（ ）

7. 您最关注装修质量的哪些信息？（最多选 2 项）

A. 设计新颖（ ） B. 材料可靠（ ）

C. 做工精细（ ） D. 服务到位（ ）

E. 施工进度（ ） F. 售后保证（ ）

G. 价格便宜（ ） H. 其他（ ）

8. 如果房地产公司提供相关装修中介服务，您希望该服务应包括哪些项目？（可多选）

A. 室内装修设计（ ）

B. 提供装修材料、装修公司的有关信息（ ）

C. 提供装修监理公司的有关信息（ ）

D. 解决装修纠纷的法律中介服务（ ）

E. 提供装修过程的统一管理（ ）

F. 提供配套家具的选择方案及有关信息（ ）

G. 其他（ ）

9. 您认为装修材料信息服务应包括下面哪些内容？（可多选）

A. 价格、产地、材质（ ） B. 购买地点（ ）

C. 流行趋势（ ） D. 售后服务项目（ ）

E. 其他（ ）

10. 您希望知道装修监理公司的哪些信息？（可多选）

A. 监理人员的资信（　）　B. 监理人员的从业时间（　）

C. 监理人员的个人情况（　）　D. 监理收费情况（　）

E. 其他（　）

11. 您希望法律中介服务包括下面哪些内容？（可多选）

A. 介绍律师（　）　B. 提供律师的从业背景资料（　）

C. 律师的收费标准（　）　D. 其他（　）

12. 您的装修费用预算是：

A. 20 000 元以下（　）　B. 20 001～40 000 元（　）

C. 40 001～60 000 元　（　）　D. 60 001～90 000 元（　）

E. 90 000 元以上（　）

13. 如果本公司提供装修中介服务，您认为：

A. 求之不得（　）　B. 为用户办了一件好事（　）

C. 无所谓（　）　D. 不必要（　）

14. 您的家庭年可支配总收入是：

A. 100 000 元以下（　）　B. 100 000～150 000 元　（　）

C. 150 001～200 000 元（　）　D. 200 001～300 000 元（　）

E. 300 000 元以上（　）

15. 您对我们提供的服务项目和服务水平有何宝贵建议？

为保证调查数据的准确性，以更好地帮助我们提升服务水平，请您根据实际情况回答问题。非常感谢您在百忙之中能抽出时间给予我们支持，谢谢您！

某房地产公司（公章）

2018 年 10 月 18 日

思考与练习

一、简答

1. 什么是市场调查问卷？它通常由哪几部分组成？

2. 设计市场调查问卷有哪些步骤？

3. 设计市场调查问卷有哪些原则？

二、案例分析

以下是“ABC”木梳的一份调查问卷：

请您填写下表，将您的宝贵意见赐予我们，以便我们了解您的消费意向，请您在适当的方格内打“√”或在空白处填写答案。

1. 您听说过“ABC”这一品牌吗？

□是的　□从未（谢谢您接受我们的调查，请领取我们的礼品）

2. 您是从何种途径知道这一品牌的？

□电视　□网络　□杂志　□朋友介绍　□接受赠送

□销售点的推介　□其他（请注明）________

3. 您是否购买过“ABC”木梳？

□是的　□从未

4. 您是否使用过“ABC”木梳？

□经常　□曾使用过　□从未使用过

5. 您的月收入约为：

□ 500～1 000 元　□ 1 000～3 000 元　□ 3 000～8 000 元　□ 8 000 元以上

6. 您有过赠送或接受“ABC”木梳作为礼品的经历吗？

□经常　□有过一两次　□从未

7. 您认为自己是很注重生活细节的人吗？

□凡事方便即可　□要求舒适，比较在意细节　□非常注重细节

8. 您偏爱哪种材质的梳子？

□木制　□塑料　□动物角、骨　□金属　□不在意

9. 您认为木梳具有保健功效吗？

□的确　□有，但作用不大　□没有

10. 您对“ABC”的品牌印象是？

□百年老店，信誉良好　□物美价廉，中档品牌

□工薪消费，低档品牌　□其他（请注明）

11. 您感觉“ABC”木梳和其他木梳最大的区别在哪里？

□品质　□价格　□外形　□品牌　□购买方便　□其他________

12. 您所知道的最近的“ABC”木梳专卖店在哪里?

□ 1 千米内　□较近的购物区　□很远，购买不便

13. 您是否希望能够在网上了解和购买“ABC”木梳?

□是的，越详细越好　□不在意　□不用，太麻烦

14. 您对“ABC”木梳还有哪些建议?

感谢您在百忙之中抽出时间来填写问卷，谢谢您的合作！您的宝贵建议将作为我们不断完善的养料，成为我们不断进步的动力！

问题:

请根据所学知识修改上面的调查问卷。

三、实践演练

某学校超市为更好地改进经营管理，增加销售额和利润，决定对学生进行一次有关超市经营管理意见的调查，请为此设计一份调查问卷。

模块五　选择市场调查方法

调查项目、方案和工具均准备好后，接下来调查者的工作就是以获得所希望的市场信息为目的，选用相应的调查方法去具体实施调查了。市场调查必须选用科学的方法，调查方法选择恰当与否，对调查结果影响甚大。各种调查方法都有利有弊，只有了解各种方法的特点，才能正确选择和应用。

学习目标：

1. 掌握文案调查法的特点和应用
2. 能运用访谈调查法、观察调查法、实验调查法进行调查

课题一　选用文案调查法调查

小张发现身边的“吃货”特别多，因而萌发开网店和微店卖土特产品的念头。他在网上查阅到一篇文章“互联网农业成功案例”，里面一些有关中国农业的基础数据和现状令他很受启发，于是他又专门在网络上和图书馆搜索、查阅了中国各地特色农业及土特产的品种构成、产地分布、产量、特征、产出季节性、交通运输、储藏、价格等信息，然后精挑细选了十多种主打产品，通过各种途径和当地农场、批发商、大农户、村民小组、创业学生等签订协议，由他们供货和发货，生意日渐红火。

阅读案例，思考以下问题：

■小张在开店前做了市场调查吗？

■如果小张做了市场调查，他用的是什么方法？

文案调查法又称资料查阅寻找法、间接调查法、资料分析法或室内研究法，它是围绕某种目的对现有的各种信息、情报，进行收集、整理、分析、研究的一种调查方法。

一、文案调查法的特点和应用

文案调查法有以下几个特点：

1. 文案调查法是收集已经加工过的文献信息，而不是对原始资料的收集。

2. 文案调查法收集文献信息的方式，目前主要以收集印刷型文献资料和较有公信力的网络电子数据信息为主。但要注意，无论印刷型文献资料还是网络电子数据信息，由于它们数量急剧增加、分布十分广泛、内容重复交叉及质量良莠不齐等，需要特别注意认真甄别。

3. 文案调查法具有较强的机动灵活性和高效性，尤其是运用网络收集信息，能随时根据需要进行。

4. 从时间上看，文案调查法不仅可以掌握现实资料，还可以获得实地调查所无法取得的历史资料。从空间上看，文案调查法既能对内部资料进行收集，又可掌握大量的有关外部环境方面的资料。

5. 文案调查法所收集的资料包括动态和静态两个方面，尤其偏重从动态角度收集各种反映调查对象变化的历史与现实资料。

6. 文案调查法有一定的局限性：首先，文案调查法依据的主要是历史资料，其中过时资料比较多，现实中正在发生变化的新情况、新问题难以得到及时反映；其次，所收集、整理的资料和调查目的往往不能很好地吻合，对解决问题不能完全适用，收集资料时易有遗漏；最后，由于文案调查法所收集的文案的准确程度较难把握，因此，应明确资料的来源并加以说明，并要求文案调查人员有较扎实的理论知识、较强的专业技能。

根据调查的实践经验，文案调查法常被作为调查的首选方式。几乎所有的调查都始于收集现有资料，只有当现有资料不能提供足够的证据时，才进行实地调查。因此，文案调查法可以作为一种独立的调查方法加以采用。

二、文案调查法的资料来源

文案调查法收集的都是二手资料。二手资料的来源主要有企业的内部渠道和外部渠道。内部渠道主要是企业各个部门提供的各种业务、统计、财务及其他有关资料。外部渠道主要是企业外部的各类机构、情报单位、业务联系单位、互联网、在线数据库及图书馆等所持有的可供用户共享的各种资料。二手资料的来源见表 5—1。

表 5—1　二手资料的来源

来源	类别	主要内容
企业内部渠道	业务资料	市场研究资料，市场策略资料，各种订货单（可以了解用户的需求量情况、用户的地理位置等）、进货单（可以了解供应单位的情况）、发货单（可以了解运输情况）、存货单、销售记录、购销合同、发票、业务员访问报告、广告、顾客反馈信息及业务人员的各种记录等资料

续表

来源	类别	主要内容
企业内部渠道	财务资料	财务定期报表，企业资产、负债、权益、收入、成本、费用、利润、存货、现金流等动态数据
	统计资料	企业管理软件（ERP）数据库，各类统计报表和统计分析资料，工业企业的产品产值、产量、销售量、库存量、单位成本、原材料消耗量等数据，贸易企业的商品购、销、存统计数据等
	其他资料	各种调查报告、工作总结、上级文件、政策法规、顾客意见和建议、档案卷宗、照片、录音、录像、剪报等
企业外部渠道	政策法规	各级党委、人大、政府、发改委、财政、市场监管、税务、银行、贸易等部门发布的政策法规、财政和金融信息、价格信息、商品供求信息等
	统计数据	各级统计部门发布的国民经济统计资料
	市场信息	经济信息中心、专门信息咨询机构、市场调查公司、各行业协会、联合会或行业管理机构提供的市场信息和有关行业情报，如本行业的统计数据、市场分析报告、市场行情报告、工商企业名录、产业研究、商业评论、政策法规等
	媒介信息	中央、省、地、县的电视台、广播电台的新闻报道、广告信息和各种经济信息，各种公开出版物（如有关科技书籍，商务性和行业性的报纸、杂志等）登载的科技信息、文献资料、广告资料、市场行情、预测资料和各种经济信息等
	会议信息	各种博览会、展销会、交易会和订货会上发放的文件和材料等
	图书档案	公共图书馆和大学专业图书馆中的大量经济资料，档案馆中的各种技术档案、社会档案等
	国际市场	国际组织（国际贸易中心、经济合作与发展组织、国际货币基金会等），外国使馆、商会、办事处等提供的各种国际市场资料
	电子数据	以只读光盘方式储存和出售的专业数据库
	网络信息	互联网提供的五个重要信息源：一是政府机构或行业组织的网站；二是综合门户网站或大型专业网站；三是企业、组织机构、个人网站；四是由对某特殊主题感兴趣的人们组成的用户群组、论坛；五是在线数据库

三、文案调查法的资料收集途径

二手资料的收集途径主要有传统途径和网络途径两种，具体见表 5—2。

表 5—2　　二手资料的收集途径

途径	方法	主要内容
传统途径	查找	查找是获取间接资料的最基本方法。从操作程序上看，首先应注意从机构内部查找已有资料。在此基础上，还需要到图书馆、资料室、信息中心等外部机构查找资料。为提高查找的效率，调查人员应熟悉检索系统和资料目录，并且在可能的情况下，尽量争取相关工作人员的帮助
	索取	索取是向拥有信息资料的机构或个人无偿索取已有资料的方法。如直接派遣人员或通过信函向政府有关机构、国内外厂商、交易博览会、展销会等索取市场情报或资料文件。这种方法的效果在很大程度上取决于对方的合作态度，有些企业出于宣传自己的目的，会乐于向社会提供有关资料
	购买	在市场经济条件下，许多资料都是有偿提供的，有些资料只能通过购买的方法才能取得。许多专业信息公司的资料实行有偿转让，大多数信息出版物也是有价的，许多在线数据库需要付费才能使用，如《中国期刊全文数据库》《万方数据库》《超星数字图书馆》等
	接收	接收外界主动、免费提供的信息资料。现在有许多企业为宣传自己及其产品和服务，扩大知名度，树立良好的社会形象，主动向社会广泛传递各种信息资料，如广告、产品说明书、宣传材料等。在有些情况下，它们也会成为有价值的资料
网络途径	域名登录	直接在网络浏览器软件地址栏输入欲登录网站的域名及扩展名，然后按“回车”键进入网站，查找自己需要的信息资料。域名是经注册在互联网中使用的独特名称（类似于商标），扩展名表明了域名的性质，如“.com”（商业性公司）“.edu”（教育机构）“.org”（非营利机构）“.gov”（政府机构）“.net”（网络服务商）等
	上网导航	许多浏览器软件都带有“上网导航”首页功能，“上网导航”通常将各行业较有影响力的网站放在首页上，用户可根据需要登录自己想上的网站，也可以将自己的常用网址设置在“上网导航”首页上
	分类搜索	分类搜索是互联网上最早提供的信息查询服务，主要通过收集和整理互联网的资源，根据搜索到的网页内容，将其网址分配到相关分类主题目录不同层次的类目之下，形成像图书馆目录一样的分类树形结构索引。目录索引无须输入任何文字，只要根据网站提供的主题分类目录，层层点击进入，便可查到所需的网络信息资源
	全文搜索	全文搜索引擎是目前广泛应用的主流搜索引擎，它从互联网中提取各个网站的信息（以网页文字为主），建立数据库，检索与用户查询条件相匹配的记录，按一定的排列顺序返回结果

四、文案调查法的工作程序

1. 明确所需调查的资料

在文案调查工作开始前，应明确此次调查工作的现实目的和长远目的。现实目的是这次文案调查工作完成后需要提供的资料和解决的问题，长远目的是通过资料查阅、搜寻、统计、分析，为企业经常性的经营管理活动和方案的制定提供基础性资料。

2. 审查与分析现有资料

现有资料如能满足调查的要求，可节省许多时间、人力、物力和财力。企业的调查人员应注意与公司内部信息部门、业务部门、会计部门、档案室、资料库和企业外部的图书馆、政府机构、各类商会、有关单位、在线数据库保持密切联系。

3. 寻找资料信息来源

当着手一个正式调查项目时，调查人员寻找的第一类资料应是总体市场概况资料，该资料包括市场基本特征、一般结构、发展趋势和交易情况等。然后随着调查工作的深入，资料会越来越多，越来越详细。

某企业发明了一种能够对假牙在口腔中活动情况进行三维测量的仪器。将这种仪器批量生产推向市场之前需确定市场的销售潜力，因此企业决定开展市场调查。调查所需主要资料有：①国内牙医诊所的绝对数；②全国每10万人口拥有牙医的平均数；③即将开业的牙医诊所数；④未来10年新增牙医数；⑤现有牙医年龄结构；⑥全国牙医诊所在各省的分布情况。

为获得上述资料，确定其资料来源的途径有：①全国卫生部门的年度统计；②全国牙医卫生状况普查资料；③有关牙医医学发展动态的学术会议、论文等；④行业协会的调查和研究报告。

4. 筛选、分析资料

文案调查法所收集的资料种类、格式较多，对其整理、分析是一项重要工作，应注意：

（1）同口径

将不同计算单位的资料统一转换为标准单位。

（2）清条理

从理论上对调查资料做逻辑分析，将所收集的数据有机地重新编排和组合，成为新的可用资料。

（3）显图表

将整理后的数字转化成统计图表，并做必要的分析和解释，方便决策者阅读和掌握真实情况。

（4）细检验

详细检查资料是否周详严谨，无遗漏。通常要将公布的市场信息数字用两三种来源做交叉检查。

5. 撰写文案调查报告

在确认数据资料之后，通过分析把这些资料综合成一个有意义的整体，就是文案调查报告。撰写文案调查报告应注意：

（1）简单明了

将采用的有关资料制成统计图表，方便阅读者直观了解分析结果和理解与研究假设的关系。

（2）突出重点

对与调查结果有着重要联系的资料应采用不同方式重点表述。

（3）结论明确

如果没有明确的结论和建议，该调查报告就失去了价值。

课堂实训

背景资料

某公司老板看好一个休闲养老地产项目，想通过调查得出一些结论，以论证是否进一步推进该项目投资。调查任务落到了市场部王经理头上。

任务

以 2 ~ 3 位同学为一组，帮助王经理收集相关资料（不需要做分析资料和撰写文案调查报告这部分工作）。

实训指导

一、明确所需收集的资料

所需收集的资料主要有：国家宏观经济发展状况及趋势，国内外房地产发展状况及趋势，国家人口发展状况及趋势，国家土地供应政策及发展趋势，居民房地产消费观念发展状况及趋势，休闲养老地产项目政策法规，休闲养老地产项目经营特色，休闲养老地产发展历程、现状、前景，相关研究报告，相关休闲养老地产项目案例等。

二、审查与分析现有资料

查阅公司现有相关资料，确定需要进行收集的资料。

三、收集资料

1. 政策法规的收集

既可以去图书馆查找相关法规书籍，也可以登录相关机构网站，根据需要进行查找，如国家土地供应政策可登录国家自然资源部网站进行收集等。

2. 宏观数据的收集

既可以去图书馆查找相关统计年鉴，也可以登录国家统计局网站或地方统计局网站，根据需要进行查找。

3. 有关休闲养老地产项目资料的收集

一方面去图书馆查找房地产行业的相关期刊文章和专业论文，另一方面用搜索引擎输入关键词“休闲养老地产”或“养老地产”搜索、收集相应资料。

思考与练习

一、简答

1. 文案调查法有哪些特点？

2. 试述二手资料的来源和构成。

3. 二手资料的收集途径和方法有哪些？

二、案例分析

我国A公司要向外国B公司购买一套先进设备，需要进行价格谈判。谈判前，A公司工作人员查找了大量有关该设备的资料，并对国际市场上该设备的行情及B公司的历史和现状、经营情况做了调查。

谈判开始，B公司报价320万美元，经过讨价还价降到180万美元，A公司仍然不同意，坚持出价130万美元。B公司表示不愿继续谈下去了，说：“我们已经做了这么大的让步，贵公司仍不能合作，看来你们没有诚意，这笔生意就算了，明天我们回国了。”A 公司首席谈判代表闻言轻轻一笑，把手一伸，做了一个优雅的“请”的动作。B 公司人员真的走了，A 公司的其他人有些着急，甚至埋怨首席谈判代表不该这样。首席谈判代表说：“放心吧，他们会回来的。同样的设备，去年他们卖给 C 国只要 125 万美元，国际市场上这种设备的价格目前 135 万美元左右是正常的。”果然不出所料，一个星期后 B 公司又回来继续谈判了。A 公司首席谈判代表向对方点明了他们与 C 国的成交价格，B 公司代表愣住了，只得说：“现在物价上涨得厉害，比不了去年。”A 公司代表说：“根据贵国统计局数据，贵国近两年物价上涨指数都没有超过 6%，你们算算，该涨多少？”B 公司代表被问得哑口无言，在事实面前，不得不让步，最终以 132 万美元达成了这笔交易。

问题：

1. 分析 A 公司在谈判中取得成功的原因。

2. 你认为 A 公司谈判前收集资料的途径可能有哪些？

三、实践演练

某公司想以连锁经营加盟的形式创办“社区居民奶制品店”，需要开展文案调查工作，以 3 ~ 4 位同学为一组，充分利用图书馆、互联网等资源帮助该公司开展此项文案调查工作。

课题二　选用访谈调查法调查

R公司搞了一场“七夕节”街头采访活动，凡是配合采访的路人将会得到一束鲜花作为回报。小王和另一个同事共同承担采访任务。

小王看到一辆车旁边有个中年男子好像挺悠闲，就上前采访，就在她刚进行简单介绍时，摄像师便冲了上来，然后几个同事也七嘴八舌地拿着手机过来，朝着小王和中年男子一阵拍，受访的中年男子一下子就发怒了：“拍什么拍！”

现场十分尴尬，小王很紧张，一个劲儿道歉，主管也上来跟对方道歉，并立即删掉视频。

阅读案例，思考以下问题：

■小王的采访为什么没有成功？

■你认为小王应如何改进采访工作？

在实际工作中，一些决策问题根本没有适用的二手资料，或是二手资料不充分、不够用，此时调查者就必须亲自收集原始资料，最常用的方法就是实地调查法。实地调查法主要包括访谈调查法、观察调查法和实验调查法三种，接下来将分三个课题进行介绍。

一、访谈调查法的含义和分类

访谈调查法是指调查人员通过采用口头语言访问或书面访问的方式向被调查者有目的、有计划、有准备地了解、收集信息资料的调查方法。该方法是市场调查中最基本、应用最普遍的方法。

按照调查者对访谈结构的控制程度分类，访谈调查法可以分为结构式访谈、开放式访谈和半结构式访谈三种，见表 5—3。

表 5—3 访谈调查法按对访谈结构的控制程度分类

种类	含义	特点
结构式访谈	结构式访谈也称标准化访谈或封闭式访谈，调查者按相同的方式和顺序向被调查者提出相同的事先设计好的有固定格式的问题，被调查者从备选答案中进行选择	研究的可控（问题的控制、环境的控制）程度高，应答率高，结构性强，易于量化，但灵活性差，对问题的深入程度不够
开放式访谈	开放式访谈也称无结构式访谈或非标准化访谈，如同开放式问卷一样，它不采用固定的访问问卷，不依照固定的访问程序进行，鼓励被调查者自由表达自己的观点	具有较强的灵活性，并且细致深入，可以对感兴趣的问题细致追问，挖掘出生动的实例，得到更为深入的信息，但费时、费力，结构不完整，难以量化
半结构式访谈	半结构式访谈有访谈提纲，有结构式访谈的严谨和标准化的题目，也给被调查者留有较大的表达自己想法和意见的余地，并且调查者在进行访谈时，具有调控访谈程序和用语的自由度	兼有结构式访谈和开放式访谈的优点，既可以避免结构式访谈的呆板，缺乏灵活性，难以对问题做深入探讨等局限，也可以避免开放式访谈费时、费力，容易离题，难以做定量分析等缺陷

按照调查者与被调查者的联系方式分类，访谈调查法可以分为个人访谈、电话访谈、直邮访谈和网络访谈四种，见表 5—4。

表 5—4 访谈调查法按与被调查者的联系方式分类

类别	含义	特点	方式
个人访谈	个人访谈是指在访问的过程中，调查人员以面对面方式与被调查者进行交流的方式	直接交流，富于灵活性；可以进入被调查者的内心，了解他们的心理活动和价值观念；获取的信息更加深入、详细和全面；可深入地了解行为发生的背景和影响行为的因素；可用于研究个人隐私或敏感性问题。需要具有高度熟练技巧和受过专门培训的称职的调查人员；记录和分析的方法耗时	入户访谈
			拦截访问
			专业人士访谈
			焦点小组访谈
电话访谈	电话访谈是指通过现有的通信网络，利用随机生成的号码，与被调查者交流、沟通获取答案的过程	调查时间快，费用相对低廉；问卷回收快速；可以访问到广泛样本对象。但样本总体不齐全，样本容易失去代表性；不能显示调查人员身份，不能当面观察被调查者，被调查者易有抗拒心理	中心控制
			计算机辅助
			计算机化声音辅助

续表

类别	含义	特点	方式
直邮访谈	直邮访谈是指将事先设计好的调查问卷通过各种方式投送给调查对象，要求填好后寄回的方式	调查空间范围较大，样本数目多，而费用开支少；被调查者有充足的时间填答问卷，可以对较敏感或隐私问题进行调查。问卷回收率较低，信息反馈周期长，影响收集资料的时效，难以甄别被调查者是否符合条件	邮寄传真
			专送
			书刊附页
			柜台散发
			夹报附送
网络访谈	网络访谈又称在线调查，是指通过互联网及其调查系统与被调查者接触，采集数据或资料，把传统的调查、分析方法在线化、智能化的方式	无时空、地域限制，组织简单，费用低廉，实时、互动，客观性好，不受时空与地域限制，速度快。被调查者的代表性存在不准确性，网络的安全性不容忽视，调查容易被人为操纵，受访对象难以限制	网上问卷
			BBS 或论坛
			网上焦点小组座谈
			委托专业在线调查网站

多数情况下，访谈调查法要借助调查问卷进行，根据问卷发送场所、与被调查者的联系方式以及问卷回收方式不同可以有多种组合分类方式，见表 5—5。

表 5—5　　访谈调查法的组合分类

被调查者联系方式	调查方法组合
通过调查人员前往被调查者住所进行	1. 个人访问（面访调查）
	2. 自我管理式问卷调查（留置问卷）
由调查人员在特定地点进行	1. 街头拦截，被调查者面访调查
	2. 街头拦截，被调查者自填问卷
	3. 中心地点（访谈室或会议室）访问调查
通过通信手段进行联系	1. 电子邮件调查
	2. 手机短信调查
	3. 邮寄调查
	4. 电话调查
	5. 传真调查
	6. 互联网电子问卷调查
通过报刊和互联网广告、宣传单、店内海报、商品包装等方式进行联系	1. 回答者自愿参与调查
	2. 产品留置测试

二、个人访谈调查法

1. 入户访谈

入户访谈是指调查人员通过进入被调查者住所，寻访到合适的调查对象并对其进行访谈的方式。

由于访问是在被调查者住所或者其他固定场所进行的，被调查者受外界因素干扰较少，有充足的时间来回答问题，因此对于内容量较大或者访问时间较长的调查，采用入户访问的方式更为适宜。同时，调查人员可以借助一些访问辅助用具，如样品、照片、卡片、图形等来实现选项较多或内容较复杂的访问，这在一般的电话访问、拦截访问或网络访问中是难以做到的。

入户访谈的工作程序见表 5—6。

表 5—6　入户访谈的工作程序

程序	内容
1. 入户前准备	准备标准访谈问卷或提纲、访谈所需的材料与工具
2. 确定调查对象	依据调查目的设定样本，确定调查对象
3. 培训调查人员	包括形象、礼仪、访谈技巧等
4. 预约	了解被调查者，联系和说明调查目的，约定访谈时间及条件
5. 上门访问	做好自我介绍与访谈介绍，访谈时间不宜超过 45 分钟。注意做好记录，如需录音、录像要征得被调查者同意
6. 辞谢	调查人员礼貌告辞
7. 访问结果检查	判定资料真实性及是否需要第二次访问
8. 正式致谢	以书面或电话形式向被调查者致谢

2. 拦截访问

拦截访问是指在购物中心、车站、广场等人流密集的公共场合，通过拦截的方法对特定目标对象进行访谈的方式。

拦截访问通常有两种形式：一是调查人员在事先选定的若干地点，按一定程序和要求随机抽取访问对象，征得对方同意后，在现场按问卷进行简短的调查；二是中心地调查或厅堂测试，是在事先选定的若干场所内，租借访问专用的房间或厅堂，根据调查研究要求，还可以摆放若干供被调查者观看或试用的产品。它是按照一定程序和要求拦截访问对象，征得其同意后，将其带到专用场所进行的面访调查。第一种方法通常结合某种市场推广活动将产品展示、促销等和问卷调查有机结合进行；第二种方法常用于需进行实物展示或特别要求有现场控制的探索性研究，或需进行实验的因果关系研究，如广告效果测试、新品入市研究等。

与入户访谈相比，拦截访问的费用低，访问效率高，但访问样本的代表性有一定的局限性，拒访比例较高。

拦截访问的工作程序如图 5—1 所示。

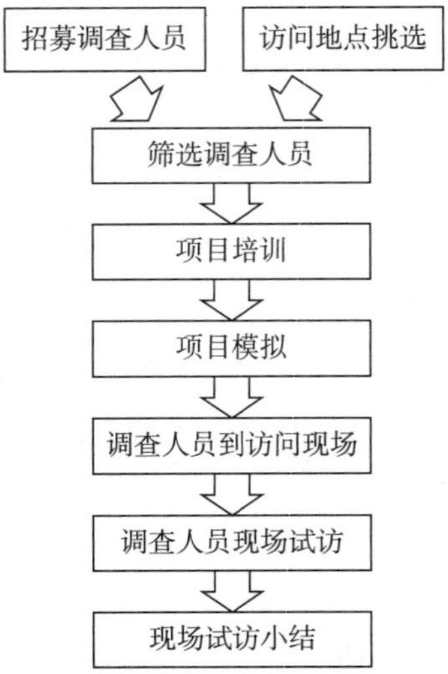

图 5—1　拦截访问的工作程序

3. 专业人士访谈

专业人士访谈是指调查人员专门进入企业中对专业人士进行问卷调查或提纲式访问的方式，主要适用于工业产品或服务类产品的调查研究。

专业人士访谈通常采用函询或现场深度访谈的方式进行，在反复征求专家意见的基础上，经过客观分析和多次征询，逐步使各种意见趋于一致。专业人士一般来自经销商、分销商、供应商、营销顾问和贸易协会等各个方面。

专业人士访谈样本小、针对性强、信息质量高，但对调查人员的要求较高，甄选受访对象难度较大。

专业人士访谈的工作程序见表 5—7。

表 5—7　　专业人士访谈的工作程序

程序	内容
1. 调查前准备	拟订调查提纲，准备向专业人士提供的资料
2. 确定专业人士对象	按照调查所需要的知识范围，确定专业人士范围及数量
3. 培训调查人员	包括形象、礼仪、专业知识、访谈技巧等
4. 预约	向所有专业人士提出调查的目的及有关要求，约定访谈时间
5. 上门访问	做好自我介绍与访谈介绍，注意做好记录，如录音、录像要征得被调查者同意
6. 辞谢	调查人员礼貌告辞
7. 第一次意见汇总	意见汇总，列成图表，进行对比，联系第二次访问

续表

程序	内容
8. 重复访问	将汇总意见（不具名）反馈给专业人士，再进行一轮重复访问，看专业人士是否修改第一次的调查意见
9. 形成结论	再次汇总（有时需要再次重复 8、9 步骤），形成调查结论
10. 致谢	以书面或电话形式向专业人士正式致谢

4. 焦点小组访谈

焦点小组访谈又称小组座谈，就是采用小型座谈会的形式，挑选一组具有同质性的消费者或客户，由一个经过训练的主持人以一种无结构、自然的形式与一个小组的消费者或客户交谈，从而获得对有关问题的深入了解。

焦点小组访谈的工作程序见表 5—8。

表 5—8 焦点小组访谈的工作程序

程序	内容
1. 准备访谈	准备焦点小组测试室，征召参与者，确定参与人员并通知
2. 选择主持人	重点考虑形象、亲和力、沟通及观察能力、组织能力、把控会议能力等
3. 编制讨论指南或提纲	调查小组集体研议，编制讨论提纲，按一定顺序逐一讨论所有突出话题，确保小组讨论不偏离调查主题
4. 召开会议	第一阶段是建立友好关系，解释小组中的规则，并提出讨论的主题；第二阶段是由主持人引导进行深入的讨论并总结，时间宜控制在 2 个小时内
5. 致谢	向参与者致谢
6. 编写访谈报告	形成调查结论并撰写报告

三、电话访谈调查法

1. 中心控制电话访问

中心控制电话访问是指调查人员在统一的时间和地点执行所有的电话访问。这种方式方便监督和控制访问质量，防止不规范的行为，便于随时对调查结果进行汇总，但是人工成本较高。

2. 计算机辅助电话访问

计算机辅助电话访问（CATI）是将现代高速发展的通信技术及计算机信息处理技术应用于传统的电话访问所得到的产物，是一种利用专业软件和计算机、电话等硬件进行的互动式电话访问形式。

在进行电话访问时，须事先输入受访者的电话号码，由计算机按程序自动拨号，电话调查人员在接通电话后不知道对方身份，面对屏幕上的问卷，向通话另一端的被调查者读出问题，并将被调查者回答的结果通过鼠标或键盘记录到计算机中；督导员在另一台计算机前借助局域网和电话交换机对整个访问工作进行现场监控。访问过程和内容可以实时录音，以确保调查访问内容的真实可靠。采用这种调查方式，调查内容客观真实，保密性强，访问效率高，所得数据可被各种统计软件直接使用。

3. 计算机化声音辅助电话访问

计算机化声音辅助电话访问是一种人机对话模式，它使用内置声音回答技术将电话访谈进行简化，通过事先录制好的声音来提问并念出封闭式题目的答案，由被调查者按电话键盘上的数字来选择答案（如果是开放式问题，则需要将回答进行录音）。计算机化声音辅助电话访问通常用于样本数量不大的较简单问卷的调查。

无论采用哪种方式，电话访谈的时间都宜控制在 20 分钟内，调查人员均要注意电话礼仪。电话访谈的工作程序如图 5—2 所示。

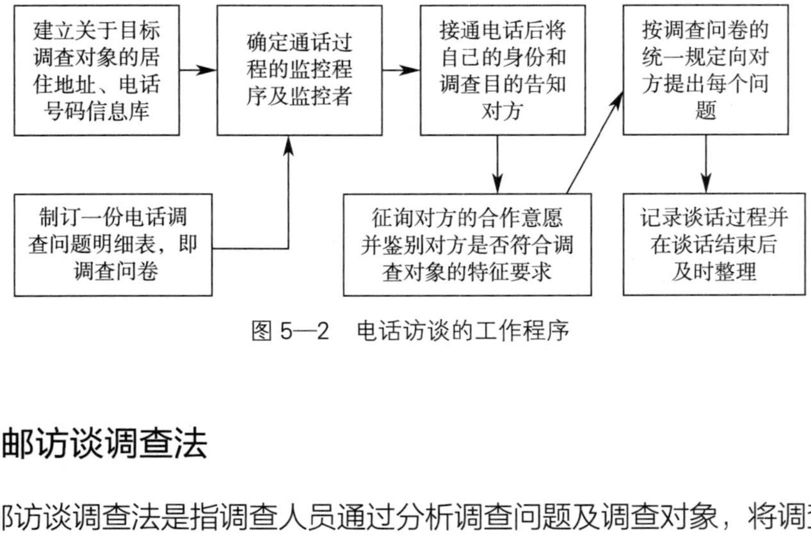

图 5—2　电话访谈的工作程序

四、直邮访谈调查法

直邮访谈调查法是指调查人员通过分析调查问题及调查对象，将调查问卷以邮寄方式传达给目标被调查者的一种精准访谈形式，具有精准分类、定向传播、保密性好、效果持久、成本低廉等特点。直邮访谈法解决了电话访谈难以约见客户的问题，可以帮助调查者准确找到被调查者，把问卷全面而直接地交到被调查者的手上，并给被调查者充分的时间回复。

直邮访谈调查法特别适合于商场、超市、商业连锁、餐饮连锁、专卖店、电视购物、网上购物、电话购物等各类实体卖场和虚拟卖场的相关消费者调查项目，也非常适合于其他行业相关产品的市场售后调查。采用直邮访谈法，数据库的建设非常重要，不准确的数据库只会让调查问卷成为一张废纸。

直邮访谈调查法的常用形式如下：

1. 邮寄传真

按会员地址将问卷邮寄或传真给过去一段时间内（根据行业情况而定）有消费记录的会员（邮寄份数依各机构实际会员数而定）。

2. 专送

组织员工将问卷投送至目标被调查者家（单位）中，注意约定回收方法和时间，此种方法精准度高，易实现有效监督，但人工成本较高。

3. 书刊附页

企业出资将调查问卷印制成书刊的附页，由书刊读者（被调查者）按指定回收路径和时间段寄回（邮资通常由调查者负责），该方式的反馈周期较长，为增加被调查者的回复率，通常会配以相应增值手段，如对参与者赠送会员优惠卡等。

4. 柜台散发

这种方法通常适用于店铺，调查人员将调查问卷放在店铺柜台，由顾客（被调查者）自行取阅并答卷，然后统一投放于指定地点。对于一些简单问题的调查，现在比较先进的是在店铺现场采用电子器调查，如员工服务电子评价器等。

5. 夹报附送

将问卷夹在当地畅销报纸中进行投递（夹报费用为 0.10～0.20 元/张），这种方法借助报纸发行网络和客户数据库，样本覆盖面较广，但调查人员应注意选择报纸受众与企业目标被调查者的特征重合度高、由邮局发行或有专门发行机构且有较大影响力的报纸。

五、网络访谈调查法

网络访谈调查的常用方法如下。

1. 网上问卷调查

网上问卷调查分主动式和被动式两种方式。

主动式是利用电子邮件（E-mail）进行调查，这同传统调查中的邮寄调查道理一样，是将设计好的调查表直接发送到被调查者的邮箱中，或者在电子邮件正文中给出一个网址链接到在线调查表页面，向被调查者传送问卷，请求被调查者填写并回复。这种方式在一定程度上可以对用户成分加以选择，并节约被调查者的上网时间。如果调查对象选择恰当且调查问卷设计合理，在注意电子邮件礼仪的基础上，往往可以获得相对较高的问卷回收率。但采用电子邮件调查方式的前提条件是已经获得被调查者的电子邮箱地址，并且预计他们对调查的内容感兴趣，因此没有用户资源的企业将无法采用这种方式，这也表明了内部邮件列表的重要性。

被动式是把问卷放在互联网的相关网站上，等待被调查者在访问站点时主动填写。企业可以在一些门户站点（如新浪、搜狐、网易）或大型专业网站上设置问卷链接，并进行适当的宣传来吸引浏览者点击，让他们自愿填写并提交问卷。这种方法可以即时统计调查结果，通常根据浏览量和点击量来计算费用。

2. BBS 或论坛调查

利用 BBS 和网络论坛的人气，可以有效地为企业提供营销信息调查服务。而由于论坛话题的开放性，几乎企业所有的营销诉求都可以通过论坛传播得以有效实现。调查人员将需要调查的问题在电子公告栏或论坛发布，然后等待跟帖，就可以获取相关的信息数据和资料，达到调查的目的。

许多大型专业网站都有自己的主题论坛模块或相应的用户社区，调查人员可以根据需要选择相应论坛或社区，及时和论坛管理员沟通交流，经常发帖、回帖，往往可以取得较好的效果。

3. 网上焦点小组座谈调查

网上焦点小组座谈调查与传统的焦点小组座谈类似，就是主持人将挑选出来的一组具有同质性的座谈对象在同一时间邀请进入一个特定的网络聊天群（组），按照访谈提纲进行讨论，从而收集座谈者的意见。这种方式可以通过技术手段自动完成录音、录像，主持人可以更加专心地将精力投入调查内容，提高了工作效率和效果，并且大大节约了组织传统会议的成本。

4. 委托专业在线调查网站调查

目前，互联网上的问卷调查网站非常多，很多人无法判断究竟哪个问卷调查网站比较好。这就要从多个角度、不同层面去分析和了解问卷调查网站。首先考察网站的实力基础，其次看网站的流量，再次要在网络上多了解网站的信息，最后对信息进行整合。

许多专业在线网站可以承接大、中、小型企业的调查业务，并能够有针对性地对问卷进行合理发放。它们有着大数据处理能力强、数据传送快、优化模板多、技术力量雄厚、资金充足有保障的优势。委托专业在线调查网站做调查通常需要考虑系统和样本两种服务：系统就是实现各类表单生成的工具，有浏览器/服务器结构系统和 SAAS（软件即服务）系统；提供样本的则是专业的在线样本社区（库）。如果调查项目数据敏感且样本量较大，那么问卷系统最好选用能安装到服务器的浏览器/服务器结构系统，样本可以找任何一家样本库对接，也可以同时对接多家。如果调查项目较少，就找一家有 saas 系统且提供样本服务的网站即可。多数专业在线调查网站的系统是免费的，样本部分则需要付费。样本的价格和问卷长度、抽样条件有关。

课堂实训

背景资料

某银行想在某职业学校毕业班中推销信用卡，为更深入地了解目标客户的情况，银行王经理准备先在职业学校组织一次“中职生信用卡观念”焦点小组访谈。

任务

以 2～3 位同学为一组，帮助王经理制订一份“中职生信用卡观念”焦点小组访谈提纲。

实训指导

访谈提纲的作用是保证主持人能有条不紊地按照事前设计的思路、步骤举行会议，确保达成调查目的，并便于事后分析和总结会议结论。

表 5—9 为某小组为本次焦点小组访谈所设计的提纲，可参考。

表 5—9　　　　　　“中职生信用卡观念”焦点小组访谈提纲

会议议程	主要内容及流程
1. 解释焦点小组访谈法及规则（5～10 分钟）	开场白：同学们，今天把大家请来，主要目的是了解同学们对信用卡的了解程度。我们想，一方面让同学们了解信用卡的相关知识，另一方面，同学们即将走上工作岗位，需要用到信用卡，我们也希望能为同学们提供好用、优质的信用卡。为了达到上述目的，请同学们实事求是地积极发言，拜托大家了！
	A. 解释焦点小组访谈法
	B. 陈述焦点小组访谈规则
2. 了解使用信用卡的历史（15 分钟）	转话题：我对你们对于信用卡的态度和使用信用卡的情况很感兴趣……
	A. 有多少种信用卡？你是什么时候拥有这些信用卡的？
	B. 你从哪里得到这些信用卡的？你是如何得到的？
	C. 你最常用的是什么信用卡？为什么经常使用它？你使用信用卡的目的是什么？
	D. 中职生申请信用卡是不是很难？是否有些信用卡比较容易得到？如果有，是什么卡？中职生是否很难得到一张“好”的信用卡或者“合意”的信用卡？
	E. 你目前对信用卡及其使用的态度如何？当你拥有一张信用卡后，你对信用卡的态度是否会有所改变？如何改变？
3. 出示桌面广告设计（25 分钟）	转话题：现在我将向你们展示几种信用卡桌面广告设计。它们将会出现在校园人流比较集中的地方，比如学生俱乐部和学生活动中心，每一种展示广告代表不同的产品和服务。我想知道你们对不同展示广告的反应，我每出示一种，希望你们写下对它的第一反应。在用一分钟时间写下你们的反应之后，我们将更为详细地讨论每一种设计
	A. 出示第一种广告 （1）请记录自己的第一反应。 （2）讨论：a. 你对这种广告的第一反应是什么？你喜欢该设计的什么地方？不喜欢的是什么地方？b. 你会停下来仔细看吗？你会被它吸引吗？为什么会？为什么不会？它有什么地方吸引你？
	B. 出示第二种广告
	C. 出示第三种广告
	D. 出示所有的广告设计 （1）在这些广告中，如果有的话，是哪一种最能吸引你的注意？ （2）哪一种最不能吸引你的注意？为什么？

续表

会议议程	主要内容及流程
4. 出示宣传册和赠品（25 分钟）	转话题：我现在想让你们看一看信用卡的赠品，这些赠品是与刚才讨论过的展示广告相配套的。首先，我向你们展示宣传册和赠品样本，然后希望你们记下对它的第一反应，最后我们对每种赠品进行讨论
	A. 出示第一种宣传册和赠品 （1）请记录自己的第一反应。 （2）讨论：a. 你的第一反应是什么？ b. 你特别喜欢赠品的什么地方？特别不喜欢的是什么地方？ c. 你理解赠品的含义吗？ d. 你认为这是一种重要的利益吗？ e. 你会为这种赠品而申请信用卡吗？为什么？ f. 这种信用卡会取代你现用的信用卡吗？ g. 你会考虑使用这种信用卡吗？ h. 毕业后你还会继续使用这种信用卡吗？ i. 在多大程度上你会使用这种信用卡？为什么会？为什么不会？你打算真的使用这种信用卡还是只想拥有赠品？你打算毕业后还保留它吗？
	B. 出示第二种宣传册和赠品
	C. 出示第三种宣传册和赠品
	D. 出示所有的宣传册和赠品 （1）你认为最佳赠品是什么？ （2）考虑到赠品，如果有的话你会选择哪一种信用卡？为什么？
5. 出示信用卡设计（10 分钟）	转话题：最后，我想让同学们看一看附带环保赠品的信用卡的三种设计样式。同前两次讨论一样，我先出示每种设计，要求你们记下自己的第一反应，然后讨论每一种设计
	A. 出示第一种设计 （1）请记录自己的第一反应。 （2）讨论：a. 你的第一反应是什么？你特别喜欢设计中的哪一项？不喜欢的是什么？ b. 在设计中是否有什么地方令你在使用它时感到不方便？
	B. 出示第二种设计
	C. 出示第三种设计
	D. 出示所有的设计 （1）如果有的话，这些卡中你会用哪一种？喜欢哪一种？ （2）你不会使用哪一种卡？为什么？
6. 总结致谢（1 分钟）	非常感谢同学们对我们这次座谈会的支持与合作。我们通过访谈获得了很多有价值的材料和信息，增添了我们为同学们提供优质和合用信用卡的信心。无论以后同学们在哪里打拼，期待未来我们的信用卡和我们的服务能永远陪伴在同学们身边。再次感谢同学们的大力支持，谢谢！

思考与练习

一、简答

1. 什么是访谈调查法？它有哪些分类？

2. 试述个人访谈调查法的类别及特征。

3. 试述网络访谈调查法的类别及特征。

二、案例分析

小王做的首份兼职就是电话调查员，觉得自己做得不错，写下了如下心得：

电话调查的开场白最主要是要告诉对方你是谁，要做什么，为什么做。在与客户交谈的时候，有一个绝招就是不断称呼对方的名字，因为人在听到自己名字的时候是最集中注意力的，所以，在做电话调查的时候适时地称呼对方名字，会有较好的效果。另外就是要学会顺着客户的意思，然后赞美他，当然赞美不能太牵强，要让对方觉得自己是发自内心的。还要适时告诉对方调查剩余时间，以免对方产生不耐烦情绪。最后在结束的时候应该要诚恳地表示自己的感谢。

问题：

1. 小王做电话调查员成功的因素有哪些？

2. 结合案例，查阅资料，论述做电话调查员还有哪些工作技巧。

三、实践演练

某公司想在校园开一家洗衣店，为此准备在校园组织一次有关洗衣需求的市场调查，以 3～4 位同学为一组，为此调查自定主题，制订一份焦点小组访谈提纲。

课题三　选用观察调查法调查

近年来，不少经济学家已经在研究中证明，针对一个地区灯光明暗的卫星观测数据能揭示当地的经济发展水平。因为夜间灯光亮度不仅能反映生产和服务的活跃程度，也能反映消费活动的活跃程度，如果从一个较长的时间跨度来观察，就能得出经济强弱变化的结论。

改革开放以来，中国经济取得了连续多年双位数增长的奇迹，但与此同时，世界部分地区的市场参与者对中国 GDP（国内生产总值）统计精度产生怀疑。这种疑问使得他们编制出一系列代理变量，用以替代中国 GDP 官方数据，供世界部分市场参与者分析和使用，如彭博指数、巴克莱指数等。

来自纽约联邦储备银行等的研究人员，通过美国防卫气象卫星计划 DMSP-OLS 卫星项目提供的全球夜间灯光亮度变化情况观测数据分析得出结论：中国经济发展状况不但没有被高估，反而是被低估了。这一分析很快就引起了广泛关注。

阅读案例，思考以下问题：

■纽约联邦储备银行等的研究人员是怎样研究中国经济增长情况的？

■纽约联邦储备银行等的研究人员采用了哪种调查方法？

一、观察调查法的含义和分类

观察调查法是指调查者利用自身的感官或借助仪器设备直接或者间接记录和观察正在发生的市场行为和状况，从而获取市场信息资料的一种实地调查方法。

观察调查法有许多具体的分类方式，比较常见的分类见表 5—10。

表 5—10　　观察调查法的常见分类

标准	分类		含义
观察对象的隐藏性	直接观察	顾客观察	是指在市场中以局外人的方式秘密注意、跟踪和记录顾客行为，以取得调查资料的方法。此方法通常配备各种计数仪器，方便调查计数和提高资料的可信度
		神秘购物	是指由调查人员扮成购物者，专门到服务实施场所进行观察以获取调查资料的方法，又称伪装购物法或神秘顾客法
	间接观察		是指通过对调查对象有意或无意中遗留在现场的实物或痕迹进行观察，以了解或推断过去市场行为的方法，如网店后台根据商品的点击率来了解商品的受欢迎程度等
采用工具	人员观察		是指利用调查人员的眼睛、耳朵等感觉器官去感知观察对象的方法
	机器观察		是指用机器取代调查人员的感觉器官去感知观察对象的方法，如交通流量计数表、街道录像监控等
环境控制	自然观察		是指调查人员在一个自然的环境中（包括超市、展示地点、服务中心等）观察被调查对象行为和举止的方法
	设计观察		是指调查机构事先设计模拟一种场景，调查人员在一个已经设计好的并接近自然的环境中观察被调查对象行为和举止的方法。所设置的场景越接近自然，被观察者的行为就越接近真实

某职校商贸系受某服装研究部门的委托，运用神秘购物法对某专卖店的营业员进行了直接观察。观察的内容主要包括：营业员的礼仪、营业员的推销技巧、店铺和货品的整洁程度、管理人员的态度等。研究者事先设计了 20 个项目及相应的评分标准，制作出了暗访操作流程图，由经过培训的职校学生担任观察员进行调查。

神秘购物法调查表

店铺地址：　　店铺编号：

访问日期：　　进店时间：　　店内顾客人数：

调查人员：　　调查表编号：　　总得分：

调查项目	评分标准
1. 营业员的礼仪	
（1）顾客进店时，有营业员立即面向顾客热情、自然地打招呼	有营业员立即面向顾客热情、自然地打招呼 有营业员面向顾客打招呼，但不自然、热情 有营业员打招呼，但不面向顾客 不打招呼

续表

调查项目	评分标准
（2）营业员衣着统一，佩戴胸卡，发饰整洁，化妆自然	衣着统一，佩戴胸卡，发饰整洁，化妆自然 四项中有一项欠缺 四项中有两项欠缺 四项中有三项以上欠缺或其中一项严重欠缺
（3）营业员各就各位，无倚靠、聊天、干私事现象	营业员各就各位，无倚靠、聊天、干私事现象 四项中有一项欠缺 四项中有两项欠缺 四项中有三项以上欠缺或其中一项严重欠缺
（4）能用普通话接待顾客，用语规范，待客礼貌，面带笑容	能用普通话接待顾客，用语规范，待客礼貌，面带笑容 四项中有一项欠缺 四项中有两项欠缺 四项中有三项以上欠缺或其中一项严重欠缺
（5）当顾客只想看看时，营业员没有板起面孔的现象	营业员态度热情，并适当推荐一些特色商品 营业员态度热情，但未推荐商品 营业员态度有较大变化，也未推荐商品 营业员板起面孔
（6）收银员态度亲切、和蔼，唱收唱付，并说“谢谢”	态度亲切、和蔼，唱收唱付，并说“谢谢” 态度一般，说“谢谢” 态度一般，不说“谢谢” 态度差
2. 营业员的推销技巧	
（7）同停留在货架前挑选货品的顾客主动打招呼并询问其需求	店员主动过来打招呼并询问需求 店员主动过来打招呼但不询问需求 店员未主动打招呼，但顾客招呼时，能迅速过来 店员未主动打招呼，当顾客招呼一遍以上时才过来
（8）全面、详细地介绍商品的特性、面料及洗涤方式	全面详细地介绍商品的特性、面料及洗涤方式 顾客询问后，一问多答 顾客询问后，被动解答，一问一答 顾客询问后，因反感而不答
（9）鼓励顾客试穿，乐意陪顾客到试衣间，并将待试服装为顾客准备好	鼓励顾客试穿，陪同顾客到试衣间，并将待试服装准备好 鼓励顾客试穿，陪同顾客到试衣间，但未将待试服装准备好 不鼓励顾客试穿，顾客提出试穿后同意顾客试穿，但不陪同顾客到试衣间 不鼓励顾客试穿，也不同意顾客试穿
（10）告诉顾客售后服务的内容，包括免费修改裤长，更换颜色、尺码等	主动告诉顾客全部售后服务的内容 告诉顾客两项售后服务内容 告诉顾客一项售后服务内容 未告诉顾客售后服务内容
（11）如果服装不合适，则主动、热情地给顾客更换或介绍其他商品给顾客试穿	若顾客提出不合适，主动征询不合适原因，并能提供相应的合适货品给顾客 若顾客提出不合适，没有征询不合适原因就为其提供其他货品 若顾客提出不合适，让顾客自己挑选其他货品 若顾客提出不合适，收回货品，不予理睬，或强行推销该货品

续表

调查项目	评分标准
（12）如试穿满意，顺便向顾客介绍、配搭其他货品和饰品	主动介绍并主动引导顾客配搭其他货品 未主动为顾客配搭，当顾客提出配搭要求后，能热情帮助顾客配搭 顾客提出配搭要求后，不情不愿地寻找相应货品 顾客提出配搭要求后，没有反应
（13）服饰配搭恰到好处，令顾客满意	服饰配搭恰到好处，顾客非常满意 服饰配搭水平较好，顾客比较满意 服饰配搭水平一般，顾客可以接受 服饰配搭水平太差，顾客不能接受
（14）在不需要同时接待其他顾客时，陪顾客到收银处付款，并说致谢语	陪同顾客付款，并说致谢语 陪同顾客付款，不说致谢语 让顾客自己去付款，说致谢语 让顾客自己去付款，不说致谢语
（15）顾客离店时，有营业员能立即主动地对每位离店顾客说送别语	顾客离店时，营业员热情、自然地说送别语 顾客离店时，营业员说送别语，但不热情 有营业员偶尔对个别离店顾客说送别语 不说送别语
3. 购物环境	
（16）在收银台附近，醒目摆放或张贴着“顾客服务热线”的标牌	店内收银台附近有标牌，且很醒目 店内收银台附近有标牌，但不够醒目 店内收银台附近有标牌，但非常不醒目 无标牌
（17）店内货架、橱窗、门面招牌、地面整洁	店内货架、橱窗、门面招牌、地面整洁 四项中有一项欠缺 四项中有两项欠缺 四项中有三项以上欠缺或其中一项严重损害商店形象
（18）货品摆放整齐，货架不空置，货品及塑形模特无污渍、无损坏	货品摆放整齐，货架不空置，货品及塑形模特无污渍、无损坏 有一个货架（或货品、塑形模特）未达到要求 有两个货架（或货品、塑形模特）未达到要求 货品乱放，或三个以上货品及塑形模特有污渍、有损坏
（19）试衣间整洁、门锁安全、设施齐全（配备衣钩、拖鞋）	试衣间整洁、门锁安全、设施齐全 三项中有一项欠缺 三项中有两项欠缺 三项均有欠缺或其中一项以上严重欠缺
（20）灯光明亮，音响适中，温度适宜，走道通畅（无杂物堆放）	灯光明亮，音响适中，温度适宜，走道通畅（无杂物堆放） 四项中有一项欠缺 四项中有两项欠缺 四项中有三项以上欠缺或其中一项严重欠缺

说明：对每项调查内容给予打分，优 5 分、良 4 分、中 3 分、差 1 分，满分 100 分。

暗访流程如下：

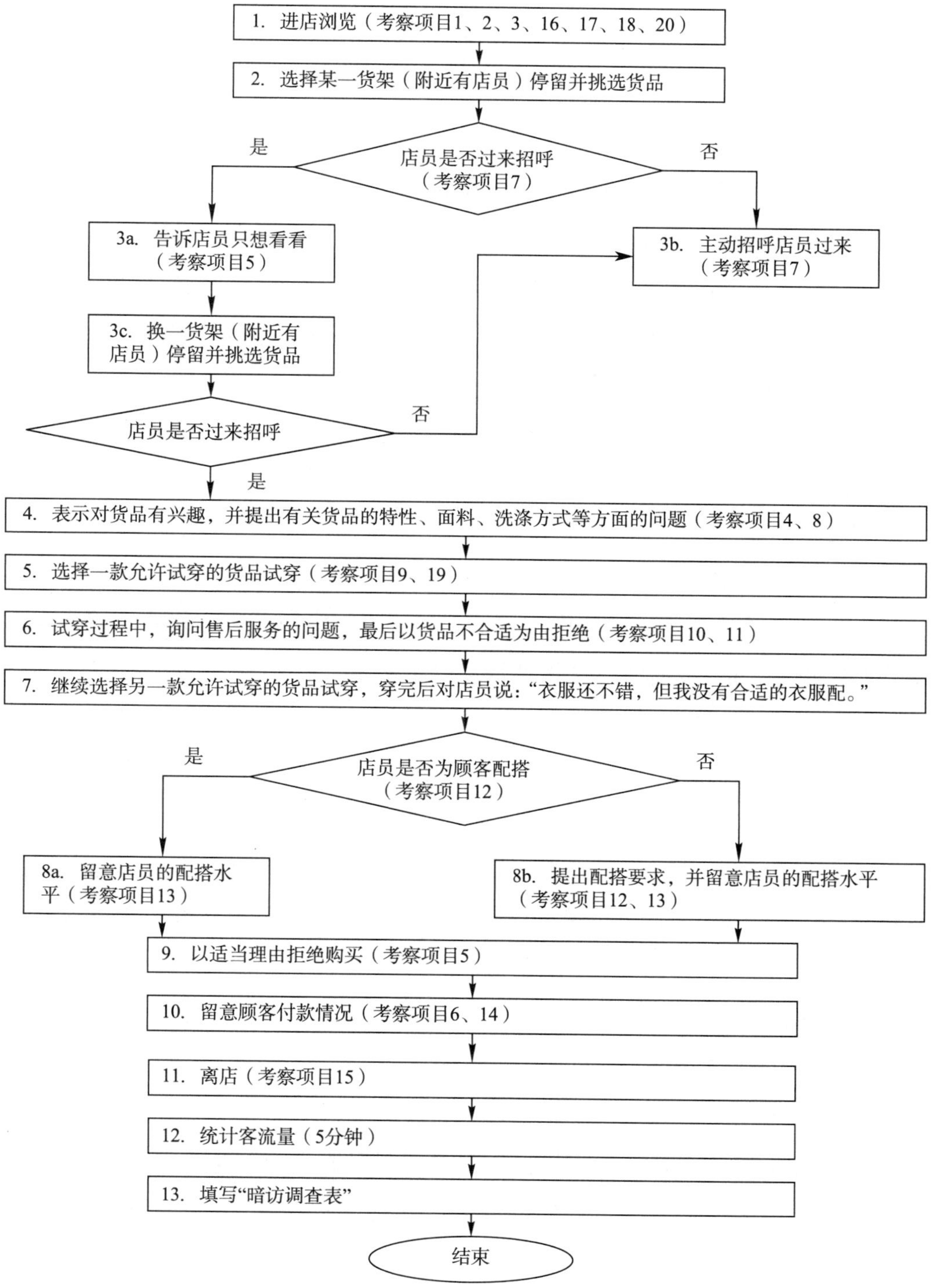
1. 进店浏览（考察项目1、2、3、16、17、18、20）
2. 选择某一货架（附近有店员）停留并挑选货品
店员是否过来招呼（考察项目7）
是
否
3a. 告诉店员只想看看（考察项目5）
3b. 主动招呼店员过来（考察项目7）
3c. 换一货架（附近有店员）停留并挑选货品
店员是否过来招呼
否
是
4. 表示对货品有兴趣，并提出有关货品的特性、面料、洗涤方式等方面的问题（考察项目4、8）
5. 选择一款允许试穿的货品试穿（考察项目9、19）
6. 试穿过程中，询问售后服务的问题，最后以货品不合适为由拒绝（考察项目10、11）
7. 继续选择另一款允许试穿的货品试穿，穿完后对店员说：“衣服还不错，但我没有合适的衣服配。”
店员是否为顾客配搭（考察项目12）
是
否
8a. 留意店员的配搭水平（考察项目13）
8b. 提出配搭要求，并留意店员的配搭水平（考察项目12、13）
9. 以适当理由拒绝购买（考察项目5）
10. 留意顾客付款情况（考察项目6、14）
11. 离店（考察项目15）
12. 统计客流量（5分钟）
13. 填写“暗访调查表”
结束

二、观察调查法的特点和应用注意事项

1. 观察调查法的优点

（1）观察调查法可以比较客观地收集第一手资料，直接记录调查的事实和被调查者在现场的行为，调查结果更接近于实际。这是文案调查法等间接调查方法所不可比拟的，也是访问调查法所不及的。

（2）观察调查法基本上是调查者的单方面活动，是在自然状态下的非参与观察，能获得生动的资料。它一般不依赖语言交流，不与被调查者进行人际交往，因此，它有利于对无法、无须或无意进行语言交流的现象进行调查，有利于排除语言交流或人际交往中可能发生的种种误会和干扰。

（3）观察调查法简便易行，灵活性强，可随时随地进行调查。它能通过观察直接获得资料，不需其他中间环节，它能即时捕捉到正在发生的现象，具有及时性的优点。

2. 观察调查法的缺点

（1）观察调查法虽可以提供较为客观和正确的资料，但它只能反映客观事实的发生经过，而不能说明发生的原因和动机。

（2）观察调查法常需要大量观察员到现场进行长时间的观察，调查时间较长，调查费用支出较大。因此，这种方法在实施时，常会受到时间、空间和经费的限制。

（3）对调查人员的业务技术水平要求较高，如要求调查人员具有敏锐的观察力，良好的记忆力，必要的心理学、社会学知识及对现代化设备的操作技能等。

3. 观察调查法的应用范围

观察调查法在市场营销中的常用范围如下:

（1）商品跟踪测试。

（2）消费者购买行为、购买动机、购买偏好及购买能力观察。

（3）商场管理水平、营业状况、购物环境、商品陈列、价格策略及服务态度观察。

（4）车流量、客流量和人流量及构成观察。

（5）对生意伙伴、竞争对手进行跟踪和暗访调查。

（6）生产经营者现场评估与考察。

（7）生产和服务作业研究。

（8）弥补访问调查法的不足。

4. 运用观察调查法的注意事项

（1）为了使观察结果具有代表性，真实反映某类事物的一般情况，应选择具有代表性的典型对象，在最适当的时间进行观察。

（2）在进行实际观察时，不能让被调查者有所察觉，否则，就无法了解被调查者的自然反应、行为和感受。

（3）在实际观察时，必须实事求是、客观公正，不得带有主观偏见，更不能歪曲事实真相。因此，要求调查人员遵守有关法律和道德准则，不能对涉及国家机密和个人隐私的内容进行观察，除非得到有关部门和人员的允许。

（4）调查人员应掌握和运用先进的记录技术，便于尽可能高效、详细地记录调查内容。

（5）为了观察客观事物的发展变化过程，进行动态对比研究，通常需要做长期反复的观察。

三、观察调查法的记录技术

准确、及时、无遗漏地记下转瞬即逝的宝贵信息及事项的变化情况，能加快调查工作的进程，便于资料的整理及分析。在采用观察调查法时，应注意采用适当的记录技术，记录技术的好坏直接影响着调查结果。记录技术主要包括观察卡片、符号、速记、记忆和机械记录五种。

1. 观察卡片

观察卡片或观察表的结构与调查问卷基本相同。制作观察卡片的程序是：根据观察内容列出所有观察项目；去掉非重点的、无关紧要的项目，保留一些重要的能说明问题的项目；列出每个项目中可能出现的各种情况，合理编排；通过小规模的观察来检验卡片的针对性、合理性和有效性，最后制成卡片。

顾客流量及消费调查卡片

店铺名称：　　　　　　　　观察时间：　　年　　月　　日　　时至　　时
观察地点：　　　　　　　　观察员：

项目	入向	出向
人数		
消费金额（元）		

2. 符号

符号是指用符号代表在观察中出现的各种情况，在记录时，只需根据所出现的情况记下相应的符号，或在事先写好的符号上打钩即可，不需要再用文字叙述。这样不仅可以加快记录速度，避免因忙乱而出错，而且便于资料的整理。

3. 速记

速记是用一套简便易写的线段、圈点等符号系统来代表文字进行记录的方法。

4. 记忆

记忆是指在观察调查中，采取事后追忆的方式进行记录的方法。通常在调查时间紧迫或缺乏记录工具的情况下使用。由于人的大脑不可能准确无误地储存很多信息，因此，必须抓住要点进行记忆，提纲挈领，事后及时进行整理。采用记忆的方法虽然可以消除被调查者的顾虑，但常容易遗忘一些重要的信息。

5. 机械记录

机械记录是指在观察调查中运用录音、录像、照相、各种专用仪器等手段进行记录的方法。这种记录方法能详尽地记录所要观察的事实，免去观察者的负担，但容易引起被调查者的顾虑，使调查结果失去真实性。

目前广泛使用的专用记录仪器主要有以下几种：

1. 视向测定器

它可以在一秒钟内拍摄16个视线的动作，测出视线停留的位置和时间，用于探测被调查者的反应。

2. 精神电流测定器

它可以通过测量人的脉搏、血压、呼吸等间接测出其情感变化和心理反应。

3. 皮肤电流反射器

这种仪器可以根据受测者因精神变化而在皮肤上出现的应激反应，进行相应判断。

四、观察调查法的工作步骤

观察调查法的工作步骤见表 5—11。

表 5—11 观察调查法的工作步骤

程序	内容
1. 明确问题和对象	选择和确定调查问题，确定观察者与观察对象
2. 制订观察计划	规定明确的观察目的、重点、范围，要收集的材料，观察的次数，每次观察的时间，采用的仪器，制订的表格以及填写的要求等
3. 做好观察准备	（1）确定观察的项目和指标 （2）选择观察途径和方法 （3）观察取样 （4）设计观察表格及记录方法 （5）其他准备，包括仪器、人员培训、分工及应变措施等
4. 按照计划进入现场实施观察并做好记录	（1）选好观察位置，有较好的角度和光线以保证观察有效、全面、精确 （2）不惊扰观察对象或与观察对象打成一片 （3）记录要准确、全面和有序
5. 整理与分析观察资料	（1）详细检查所有记录的材料，看分类是否恰当，是否有遗漏和错误 （2）整理所需材料到基本齐全为止 （3）按观察记录的时间顺序分类存放资料，以便查阅 （4）记录材料整理后，需要加以说明的要详细地加以说明
6. 提出观点并撰写调查报告	根据对资料的分析研究，提出自己的认识，并加以理论论证，最后撰写调查报告

课堂实训

背景资料

调查人员：以 3～4 位同学为一组。

调查对象：×× 电器商场不同年龄段的顾客。

调查目标：通过对 ×× 电器商场不同年龄段顾客的跟踪调查，分析其消费行为。

任务

利用“五一”假期，完成上述调查目标，每个小组提交一份调查报告在课堂上汇报。

实训指导

以下为某小组提交的调查报告，供参考。

××电器商场顾客消费行为跟踪调查报告

一、准备工作

1. 设计调查表

本调查表是跟踪调查表，主要由调查员记录顾客的相关行为。

2. 确定人员分工

以个人为单位，每人负责跟踪10位顾客。

3. 统一调查时间

调查时间定为2018年5月1日。

4. 规定调查方法

我们主要调查在商场停留1个小时内的顾客。每名调查员从顾客进入商场开始跟踪调查，直至他们离开商场（顾客停留时间大于1个小时的除外），记录其相关行为。我们将顾客的年龄分为青年（16～34岁）、中年（35～54岁）和老年（55～75岁）三个年龄段，每个年龄段各10人，每名调查员负责跟踪一个年龄段的顾客。

二、实施过程

我们小组三人于5月1日上午9：00准时到达××电器商场门口，开始调查工作。每名调查员在商场开门前几分钟都找到了自己想跟踪的对象。由于顾客在商场内的移动速度和停留时间不同，给我们的调查工作带来了一些不便，但我们仍然坚持调查，终于在上午9：30全部完成对第一名顾客的跟踪调查，其中耗时最短的调查员只用了10分钟。每名调查员都根据调查表记录了顾客的情况及行为。一天坚持下来，整个小组在19：00完成调查任务。

三、调查结果及分析

1. 调查结果

（1）男性 18 人 女性 12 人

（2）单独 5 人 结伴 25 人

（3）提包 16 人 空手 14 人

（4）进入商场的行走方向：左拐 13 人 右拐 7 人 笔直走 10 人

（5）询问商品价格和性能 18 人 未询问商品价格和性能 12 人

（6）征求身边人意见 16 人 未征求身边人意见 1 人

（7）购买商品 5 人 未购买商品 25 人

（8）刷卡支付 1 人 支付宝支付 2 人 微信支付 2 人 现金支付 0 人

（9）参加优惠活动 3 人 未参加优惠活动 2 人

（10）要求送货上门 0 人 不要求送货上门 5 人

（11）停留时间：10 分钟以下 5 人 10～30 分钟 18 人

30～60 分钟 7 人

2. 调查分析

（1）在 30 名目标顾客中，单独来商场的人数占总人数的 16.7%，结伴而来的占 83.3%，可见大多数顾客都是结伴来 ×× 电器商场购物的，因为家用电器的购买是一种比较复杂的消费行为，顾客的谨慎程度较高，需要征求家人或朋友的意见。

（2）进入商场后左拐的人数比例为 43.3%，直走的为 33.3%，右拐的为 23.4%，这是因为大多数顾客都有向左拐的习惯。

（3）在结伴而行并询问价格的 17 名顾客中，有 16 名顾客征求了身边人的意见，可见目标顾客的同行人对其购买决策有很大的影响。

（4）在 5 名购物的顾客中，各有 2 人采用支付宝支付和微信支付方式，无人采用现金支付方式，可见，方便快捷的电子支付已经成为顾客首要的支付方式。

（5）在 5 名购物的顾客中，有 3 名顾客参加了优惠活动，可见顾客对促销活动的参与程度比较高。

（6）在 5 名购物的顾客中，无一人要求送货上门，可见在“五一”期间购买大型电器如彩电、冰箱的顾客比较少。由于“五一”期间人流量很大，所以大多数顾客在商场内停留的时间为 10～30 分钟。

四、结论及意见

到××电器商场购物的顾客大多数结伴而行，在进入商场时，他们一般都会向左拐，所以应该在商场右边摆放一些有吸引力的POP广告（购买点广告）。有一部分人不会在任何柜台停留，他们仅从过道上向柜台边走边看，所以商场应该重视柜台的装饰，比如摆放一些有视觉冲击力的装饰品或POP广告，让顾客在柜台前驻足，然后通过促销员推销，使其对柜台内商品产生兴趣，这样可以间接地增加商场的销售量。顾客在购物时大多会征求身边人的意见，然后再结合自己的意愿作出购买决策，销售员对目标顾客同伴的态度也会间接影响顾客的购买，所以销售员应该以对待目标顾客的态度来对待他们的同伴。购买商品后有相当一部分顾客选择电子支付方式，所以商场网络系统的正常运行及其运行速度对降低顾客的时间成本有着重要的影响。顾客对商场促销活动的参与程度很高，促销对顾客购买行为有着重要的影响，所以商场应该加大促销的力度和促销的商品覆盖面。

思考与练习

一、简答

1. 什么是观察调查法？它有哪些分类？

2. 简述观察调查法的特征。

3. 观察调查法有哪些记录技术？

二、案例分析

1. 美国人类学教授雷兹通过对垃圾进行分析来研究人们的消费情况。他说："垃圾袋绝不会说谎，什么样生活水平的人就丢什么样的垃圾。"如夏季从垃圾桶内的丢弃物中观察冷饮包装纸的品牌，可以得知什么牌子的冰棒在该地销量最大；从废易拉罐的分类整理中，可以得知什么牌子的啤酒、饮料在当地最畅销；从损坏的玩具中可以发现玩具哪些部位最容易损坏，以便在新设计的产品中加以改进。

2. 一家世界著名企业在中国北方市场推出了一种全新的洗衣粉，大获成功。在这个品牌推出之前，该公司对中国消费者进行了深入调查，了解他们如何洗衣，无论是用全自动洗衣机还是老式洗衣机，或者是手洗，都用摄像机录下他们的洗衣过程，包括拧干衣服等，同时还记录下每一个有用的数据。

问题：

1. 以上两个案例分别用了哪种观察调查方法？

2. 结合案例，观察校园“垃圾袋”的组成情况，试得出几个调查结论。

三、实践演练

利用周末或节假日时间，以 3～4 位同学为一组，利用观察调查法跟踪某家大型超市的某食品大类商品（如方便面、啤酒、饮料等）的顾客购买行为，并提交一份调查报告。

课题四　选用实验调查法调查

当前，境外金融服务已经成为银行最重要的战场之一，各银行信用卡纷纷与境外机构合作，为境外消费的多个场景提供权益，将特定的权益推荐给特定人群能够有效提升客户的境外信用卡消费额度。

A 银行为配合旅游旺季的到来，决定向其某类信用卡客户提供境外消费超额返现奖励。但此类信用卡客户多，向全部客户发送营销信息成本较高。在与某互联网数据公司合作后，通过客户的机票、酒店、旅游、保险、签证、境外 Wi-Fi 等互联网行为，建立预测模型，寻找出两个月内有出国需求并有购物需求的人群，精准发送促销短信。

为比较精准发送促销短信的效果，该行随机抽取了一定数量的内部客户作为测试组，向其发送短信。结果表明，精准短信营销转化效果比测试组效果提升 20 倍以上。

阅读案例，思考以下问题：

■ A 银行为什么要向其部分信用卡客户精准发送促销短信?

■ A 银行为什么还要随机抽取测试组发送短信?

一、实验调查法的含义和要素

实验调查法是指调查者有目的、有意识地通过改变或控制一个或几个市场影响因素的实践活动，来观察市场现象在这些因素影响下的变动情况，认识市场现象的本质和发展变化规律。

实验调查法主要包含 5 个基本要素：

1. 实验者，即实验调查有目的、有意识的活动主体。

2. 实验对象，即通过实验调查所要了解、认识的市场现象。

3. 实验环境，即实验对象所处的市场环境。

4. 实验活动，即改变市场现象所处市场环境的实践活动。

5. 实验检测，即在实验过程中对实验对象所做的检验和测定。

二、实验调查法的特点

实验调查法是一种具有实践性、动态性、综合性的直接调查方法，它具有其他调查方法所没有的优点，同时也有自身的局限性。

1. 实验调查法的优点

（1）由实验活动观察市场现象的发展变化，能使调查者在市场现象的发展变化过程中直接掌握大量的第一手实际资料。

（2）积极主动地改变某种条件促进市场现象的发展，能够揭示或确立市场现象之间的相互关系。

（3）市场实验具有可重复性，这使得实验调查的结论具有较高的准确性和较强的说服力。

（4）在商品生产和营销过程中，不论是宏观管理还是微观管理，都有很多具体的方针政策、措施方法等问题，需要不断探索、研究和制定，实验调查法为此提供了重要的验核手段。因为只有经过实践检验的方针政策、措施方法，才能证明其正确性和可行性，实验调查过程恰恰起到了这个作用。

2. 实验调查法的局限性

（1）实验调查的结论总带有一定的特殊性，其应用范围是很有限的，因为实验对象和实验环境的选择难以具有充分的代表性；实验调查中，人们很难对实验过程进行充分、有效的控制；很多影响因素是无法也不能排除的，而对它们又很难一一测定或综合测定出来，因此准确区分和检测实验效果与非实验效果就很困难。

（2）实验调查法对调查者的要求比较高，花费的时间也比较长。

三、实验调查法的类型

在实验调查中，可以将实验单位随机地分成两个部分，一部分是接受处理后的自变量，也叫处理组或者实验组；另一部分是受控制的，即不接受处理的，叫控制组。

某连锁店营销经理要研究折价促销对销售额的影响，可以选取条件相仿的两家店铺，一家店铺实施折价促销（实验组），一家店铺不实施折价促销（控制组），然后分别收集两家店铺的销售额数据，进行统计、比对，以得出结论。

对实验单位进行处理之后才测量自变量对因变量的影响的，叫“事后设计”。在实验中，选择一批实验对象作为实验组，通过对其实验激发的前后结果进行分析并得出结论的，叫“事前事后设计”。

实验调查法包含实验组前后连续对比实验、实验组与控制组对比实验和实验组与控制组前后对比实验三种类型。

1. 实验组前后连续对比实验

这是最简单的一种实验调查法，它是在没有控制组做参照的情况下，考察实验组在改变实验因素前后发生的变化，从而测定实验因素对调查对象影响的实验效果。它是一种纵向对比，即在前后时间上的比较。

采用这种方法，事先要对正在经营的情况进行测量（X_1），然后测量实验后的情况（X_2），再通过观察实验激发前后 X_1 和 X_2 的大小来分析实验的影响，其模型见表 5—12。

表 5—12　　　　实验组前后连续对比实验模型

组别 项目	实验组	控制组
事前测量结果	X_1	无
实验激发（实验条件处理）	有	无
事后测量结果	X_2	无

如为了提高某饮料的销售量，决策者计划改变该饮料的外包装。选定了 5 家店铺进行实验跟踪，先统计了该饮料原包装一个月的销售量 X_1，然后将该饮料全部换成新包装 X_2，再统计一个月的销售量，将两次销售量进行对比后再作出决策，该次实验就是实验组前后连续对比实验。

实验组前后连续对比实验是“事前事后设计”，它是一种纵向比较，操作起来简便易行，表面上看比较科学，但事实上其实验误差较大，因为它无法消除事前事后实验期间其他非实验因素的影响，因为在进行事前实验和事后实验期间其他非实验因素会发生改变，这样实验组的事后测定值就不纯粹是实验因素改变的结果，还有非实验因素，如自然因素、商业因素、心理因素等，这些都会影响实验结果的准确性。

2. 实验组与控制组对比实验

实验组与控制组对比实验是“事后设计”，它是在同一时期内，对实验组改变其实验因素进行实验，对控制组则不改变任何实验因素，按常规活动，然后将实验组和控制组的事后测定值进行对比，从而测定实验因素对调查对象的实验效果，其模型见表 5—13。

表 5—13　　实验组与控制组对比实验模型

项目 \ 组别	实验组	控制组
事前测量结果	无	无
实验激发（实验条件处理）	有	无
事后测量结果	X_2	Y_2

如欲提高某饮料销售量，决策者计划改变该饮料的配方，选定了 2 个条件相仿的店铺进行实验跟踪，其中一组采用新配方（实验组），另一组采用原配方（控制组），分别统计 2 家店铺一个月的销售量 X_2 和 Y_2，将 2 组销售量进行对比后再作出决策，该次实验就是实验组与控制组对比实验。

实验组与控制组对比实验是一种横向比较，即在同一时间上的不同比较。这种方法是目前市场研究中最常见的方法。由于这是一种横向对比实验，在同一时间里，诸如自然因素、商业因素、心理因素等非实验因素基本相同，在实验对比中可以抵消，克服了实验组前后连续对比实验所存在的非实验因素影响。这种实验结果的准确性直接取决于控制组与实验组的可比性，两者之间客观条件越接近，实验结果的准确性越高。

3. 实验组与控制组前后对比实验

实验组与控制组前后对比实验是指在实验中，分别设立控制组和实验组，在实验组中引入实验因素，控制组中不引入实验因素，按常规活动，然后将实验组事前事后实验的测定值同控制组事前事后实验的测定值进行对比的实验调查方法，也可以把它叫作“有控制组的事前事后设计”，其模型见表 5—14。

表 5—14　实验组与控制组前后对比实验模型

组别／项目	实验组	控制组
事前测量结果	X_1	Y_1
实验激发（实验条件处理）	有	无
事后测量结果	X_2	Y_2

如欲提高某饮料销售量，决策者计划改变该饮料的配方，选定了 2 个条件相仿的店铺进行实验跟踪，先分别统计 2 家店铺一个月的销售量 X_1 和 Y_1；然后，其中一组采用新配方（实验组），另一组采用原配方（控制组），再分别统计 2 个店铺一个月的销售量 X_2 和 Y_2；将 2 组前后销售量的变化情况进行对比后再作出决策，该次实验就是实验组与控制组前后对比实验。

实验组与对照组前后对比实验实际上是一种双重对比的实验法，它吸收了前两种方法的优点，也弥补了前两种方法的不足。它不但能够反映实验组与对照组的区别，而且能够区分实验变量与非实验变量的影响。但这种方法的应用比较复杂，它必须对实验组和对照组分别进行实验前后的检测，才能体现实验效果。

课堂实训

背景资料

国内某化妆品公司几年前开发出适合东南亚女性的具有独特功效的中草药精华系列化妆品，并在多个国家获得了专利保护。现在公司计划对其中 A 产品改变配方，营销部经理初步分析了亚洲各国和地区的情况，发现泰国市场潜力大，购买实力强，且没有同类产品竞争者，决定首选泰国作为实验市场。公司调查人员将泰国女性化妆品市场划分为 18～25 岁、25～35 岁及 35 岁以上 3 个子市场，预计进行一次市场实验以决策是否改变 A 产品的配方。

任务

分小组（每组 3～4 人）为该公司营销经理设计一份市场实验的方案。

实训指导

可以选择实验组前后连续对比实验。实验方案如下：

先分别在 3 个子市场中各抽取一家店铺统计 A 产品一个月的销售量，然后将 A 产品改变配方投入 3 家店铺，再分别统计 3 家店铺一个月的销售量，将两次销售量进行对比，分析对比结果，最终作出决策。

更科学的方案是选择实验组与控制组对比实验或实验组与控制组前后对比实验。具体实验方案参照教材相关内容完成。

思考与练习

一、简答

1. 什么是实验调查法？它有哪几个要素？
2. 简述实验调查法的特征。
3. 简述实验调查法的类型及含义。

二、案例分析

某公司准备改进咖啡杯的设计，为此进行了市场实验。

第一步，进行咖啡杯选形调查：设计了多种形状的咖啡杯，让 500 个消费者进行观摩评选，研究消费者用干手拿杯子时，哪种形状好；用湿手拿杯子时，哪一种不易滑落。调查结果显示四方长腰果形杯子最合适。

第二步，进行咖啡杯颜色调查：让 30 个消费者每人各喝 3 小杯相同浓度的咖啡，但是咖啡杯的颜色分别为咖啡色、青色和黄色；然后统计试饮的结果，发现有 2/3 的人认为咖啡色杯子的咖啡太浓，青色杯子的咖啡太淡，黄色杯子的咖啡浓度合适。根据这一调查结果，公司决定以后生产黄色咖啡杯。

问题：

1. 请问本案例中采用了哪种调查方法？
2. 在不改变参加人数进行实验的情况下，你认为该实验有值得改进的地方吗？如有，请提出。

三、实践演练

某公司想推出一款新的洗发水，但不知道推出之后市场反应如何，所以想做一个实验调查，请为该公司设计一份市场实验调查方案。

模块六　执行市场调查项目

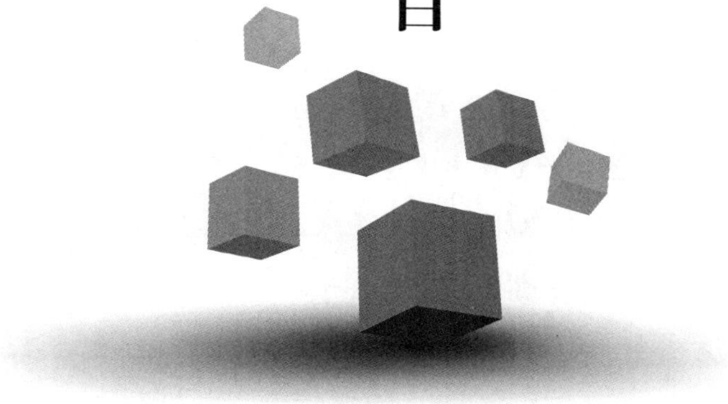

在具体执行市场调查项目的过程中，首先需要做好项目的组织管理工作，其次要做好资料的规范处理与录入工作，再次要适当运用统计分析技术形成调查结论，最后要撰写市场调查报告上交给委托调查者。

学习目标：

1. 掌握市场调查过程管理
2. 掌握预测市场发展趋势的方法
3. 能整理、录入信息资料
4. 能完整地撰写一份市场调查报告

课题一　组织实施市场调查

“会虫”是指为了赚取劳务费而专门赶赴各调查公司组织的各种市场调查会议的人。据市场信息调查业协会透露，市场调查中“会虫”泛滥、数据“掺水”的现状已经使市场调查遭遇信任危机。因为目前许多调查都是付费调查，“会虫”专门参与各种市场调查会议，不为获取有价值的信息，只为获取一定的劳务费，由此得到的市场调查数据毫无准确性可言。有些调查人员为省事专门找“会虫”做分析，有些调查人员自己就是“会虫”。每年在国内将近2万份调查报告中，真实性被“会虫”缩水的调查报告为数不少。

阅读案例，思考以下问题：

■“会虫”在市场调查项目中如何谋利?

■一个市场调查项目应如何组织，才能预防“会虫”造假?

一、组建市场调查项目工作团队

一个市场调查项目需要一个工作团队，这个工作团队通常应该包括以下角色。

1. 项目经理

项目经理是为调查项目的成功策划和执行负总责的人，其职责是在预算范围内按时优质地领导项目小组完成调查项目全部工作内容，并使客户满意。为此，项目经理必须在一系列的项目计划、组织和控制活动中做好领导工作，从而实现项目目标。

2. 研究设计人员

研究设计人员的主要职责是负责调查工作的技术设计，主要包括：调查方案设计、抽样方案设计、问卷设计、数据处理设计、调查报告撰写设计等。

3. 执行主管

执行主管主要负责落实方案的实施，主要工作是挑选、培训和督导调查人员按计划完成调查进度并实施质量控制。

4. 调查人员

调查人员是指具体实施调查工作的专职或兼职人员。

5. 督导员

督导员可以分为现场督导员和技术督导员，现场督导员的主要职责是对调查人员的调查情况进行监督和管理；技术督导员的主要职责是对调查人员的调查技巧进行指导，协助执行主管负责调查中的质量控制等。在很多情况下，现场督导员和技术督导员为同一人。

6. 数据处理人员

数据处理人员负责对收集到的问卷资料进行编码，并将数据资料输入计算机，以便研究人员做统计分析处理。数据处理人员必须熟悉统计软件和办公软件的使用，打字速度较快。

二、培训市场调查人员

要想获得合格称职的调查人员并非易事，因此对调查人员的培训非常重要。培训应坚持理论和实践相结合，针对调查的目的、内容和特点，或者针对某些方面的弱点，进行强化训练。对于从事督导工作的人员，还应当要求其具有实际市场调查的经验。市场调查人员的培训内容见表6—1。

表6—1　　市场调查人员的培训内容

培训项目	主要内容	要求
准备工作培训	熟悉调查方案、流程、方法和技术等	明白调查目的和重点，弄清调查组织流程，清晰了解调查方案和调查问卷等
	备好调查用品	备好调查问卷、身份证、学生证、介绍信、笔、纸、录音机、馈赠物品、宣传资料、交通地图、被调查者名单、电话等

续表

培训项目	主要内容	要求
准备工作培训	进行模拟调查	找一些熟悉的人或场景进行模拟调查，准备预案和应急措施
责任意识培训	强化保密意识	调查人员应对被调查者个人隐私及调查结果保密
	严守调查纪律	按照统一安排和要求适时适地合规开展调查
	准确填写记录	记录客观准确、完整清楚，以免编码时出差错
	精确发放礼品	不要多发或少发礼品或酬金（如有的话）
项目操作培训	分工及任务	指定每个调查人员的调查区域、调查时间和调查对象
	统一问卷或记录填写方法	为了后续录入方便，规范问卷作答和记录的统一方式和方法
	了解调查问卷	让调查人员先看问卷和问卷须知，针对调查人员不清楚的地方给予解释
	质量监督	向调查人员说明会有一定的监督措施来检查调查人员的调查质量
访谈技巧培训	自我介绍技巧	事先精心设计开场白，按规范的形式进行，如实表明调查目的，出示身份证明
	避免中途拒访技巧	选择适当的调查时间，尊重被调查者并注意引导，善于运用语言和肢体技巧等
	合理控制环境技巧	最好在没有外界因素干扰的环境下进行
	保持中立态度技巧	避免自己的背景和态度影响被调查者，鼓励被调查者畅谈他们自己的见解
	提问与追问技巧	在调查过程中应按问卷设计的问题排列顺序及提问措辞进行提问。对于开放式问题，一般要求调查人员充分追问。追问时，不能引导，也不要用新的词汇追问，要使被调查者的回答尽可能具体
	结束访问技巧	简单总结陈述，留下良好印象，礼貌感谢

三、市场调查过程管理

市场调查过程管理主要包括成本控制、时间控制和调查人员控制等几方面。

1. 市场调查成本控制

市场调查成本控制是调查项目组在保证调查质量和进度的前提下，在项目实施过程中尽可能地降低成本费用，将项目实际发生的成本控制在项目预算范围之内的一项管理工作。

在实际调查中，可以采取以下措施控制调查成本：

（1）建立健全岗位责任制度和奖惩措施，以提高项目组人员的积极性。

（2）根据调查目标，确定调查路线、地点、人员及时间进度，调查路线规划要科学，地点的确定要有代表性，不要进行重复性调查。兼职调查人员数量的确定要合理，尽可能减少人工费用。

（3）科学设计调查方法，尽量降低损耗，对出差费用、礼品费用等制定科学管理和报销制度并严格执行。

（4）资料的获取与复印，问卷的打印、运输、收发、保管等方面的环节，要尽可能减少损耗，各环节应明确责任人。

2. 市场调查时间控制

市场调查项目经理必须按时、保质地完成项目，其主要管理工作包括：定义调查项目的活动、任务及活动排序，估算每项活动的合理工期，制订项目完整的进度计划、资源共享分配方案，监控项目进度等。

项目组必须强化在“第一时间”完成任务的观念。“第一时间”观念至少应包括三方面的含义：一是严格遵守作息时间，在规定时间段内的“起始点”完成任务；二是充分利用时间，不占用、不浪费任何一段时间；三是有效利用时间，提高工作效率。项目经理应当利用各种可以利用的时机和场合，采取各种手段和方法来强化项目团队成员的“第一时间”观念，如建立一个“时间日志”，完整、准确地记录时间分配情况，以增强每个团队成员的责任感、紧迫感。在此基础上，通过培训、自我学习、实践、工作交流等方法，提高项目团队成员的专业水平和团队的整体协调能力。

3. 市场调查人员控制

在实际调查中，往往存在调查人员作弊这个问题，作弊具体体现在调查人员自填问卷、违规选择样本、录音作假（请被调查者配合访问内容）、执行不规范等，项目经理应采取足够严格的QC（质量控制）制度和方法来保证项目整体数据的可靠性，从而令数据分析和决策建议不偏离正确的方向。对调查人员的质量控制一般包括以下五种手段。

（1）现场监督

调查人员在进行现场工作时，督导员也在旁边进行监督并对不规范行为进行指正。

（2）暗访

抽调部分资深调查员或督导员对调查人员的现场工作进行暗中观察，以防止调查人员不按规范流程和技术标准进行调查。

（3）审查问卷或记录

对调查人员收集来的记录或问卷进行检查，看是否存在明显造假、错漏、前后矛盾、笔迹相同等现象。

（4）电话回访

根据调查人员取得的调查样本的电话号码，由督导员进行电话回访，以检验样本、资料和信息的真实性。

（5）实地复访

根据调查人员取得的调查样本的地址，由督导员进行实地复访，以检验样本、资料和信息的真实性。

课堂实训

背景资料

某调查项目组王经理计划对新招聘的调查人员进行一次访谈技巧培训，经过摸底，发现存在的主要问题是调查人员不知道在各种情形下如何应付被调查者拒访。

任务

以2～3位同学为一组，帮助王经理设计一堂培训课，主题是调查人员针对被调查者拒访的应对方法或技巧。

实训指导

一、避免访谈开始拒访的技巧

调查人员的内心一定要强大，要做好各种受挫的心理准备，同时又要不屈不挠，坚守一份耐心与信心。

调查人员要注意个人形象，着装应整洁、大方、得体，要注意个人卫生，佩戴工作牌，面带笑容，尊重被调查者。

自我介绍要按规范的形式进行，这是调查人员和被调查者的首次沟通，是保证访谈顺利的关键环节。通常在问卷设计中要精心编写开场白（自我介绍词）。

调查人员自我介绍时，应该快乐、自信，如实表明调查目的，出示身份证明。有效的开场白可以增强被调查者的信任感和参与意愿。

以轻松自然的语气、通俗的语言与被调查者对话，使谈话的气氛轻松、活跃，不要让被调查者觉得是在被审问。

二、避免访谈中途拒访的技巧

1. 选择适当的入户访问时间，可以减少或避免拒访的尴尬情况。

2. 当被调查者不理解或不明白调查意图时，调查人员应耐心解释调查的目的，强调调查的保密原则，要特别强调是访问而不是调查，这可以有效消除被调查者的排斥、逆反心理。

3. 如遇到“为什么选我，而不选其他人”的问题，此时调查人员要说明抽样的方法及其科学性，可以解释“您是我们通过严格的随机抽样方法抽选出来的，要是访问其他人，就没有科学性了。您的意见对我们访问数据的质量很重要”等。

4. 如果被调查者以“现在没空”拒访，调查人员要主动提出更方便的时间，通常运用“二选一”法，如“傍晚 6 点还是 8 点”，而不是问被调查者“什么时间合适”。

5. 如果被调查者声称自己“缺乏了解，说不出”，调查人员应该告诉被调查者“我们不是访问专家，调查的目的是让每个人有阐明自己看法的机会，所以您的看法对我们很重要”或“您把您知道的情况说出来就可以了”等，以鼓励被调查者表达自己的观点。

6. 如果被调查者以“不感兴趣”为由拒访，调查人员可以解释“这是抽样调查，每一个被抽到的人的意见都很重要，请您协助或帮助一下，否则我们的调查结果就会出现偏差”等。

7. 如果访问时有其他人插话，应该有礼貌地说：“您的观点很对，我希望待会儿请教您，但此时，我想先尊重 ××× 的观点。”

8. 调查人员在访问中，除了表示出礼节性兴趣外，不要作出任何其他反应。即使对方提问，调查人员也不能说出自己的观点。要向被调查者解释，他们的观点才是真正有用的。

9. 如果遇到“可以接受访问，但要先浏览一下问卷，或看看其他人的答卷”

这种情况，此时调查人员应强调调查的保密性和客观性，如“问卷和个人资料都是保密的，我对调查对象的信息资料负有保密的责任和义务，因此既不能随便把别人的问卷资料给您看，也不能随便把您的问卷资料拿给别人看，很抱歉”。这样，调查人员不卑不亢、认真负责的工作态度可能还会让对方肃然起敬，进而重视并配合调查。

10. 当被调查者滔滔不绝又偏离主题时，调查人员应择机采用适当方法，有礼貌地将话题重新引回调查主题上。

思考与练习

一、简答

1. 市场调查项目团队通常由哪些角色组成？
2. 对调查人员的培训主要有哪些内容？
3. 市场调查的过程管理主要有哪些内容？

二、案例分析

在2017年上海车展期间，一家市场调查公司承担了替某汽车经销商调查汽车市场的项目。按照汽车经销商的要求，需要有200名拥有高档汽车的调查对象作为样本，然而，这家调查公司为赚钱而弄虚作假，当天调查的对象只有50个人具备条件，其余人大多数是调查公司请来充数的。谁知这一切都被事先安排在会场外的企业调查项目专职督导员拍摄下来。对此情况，汽车经销商怒不可遏。根据相关合同，这家调查公司最终赔偿了100万元。

问题：

1. 调查项目中通常有哪些作弊行为？
2. 为什么调查项目通常要设置督导（或质控）员岗位？其岗位职责主要有哪些？

三、实践演练

以2位同学为一组，在校园内开展一次访谈，访谈主题不限，每组同学需要列出访谈提纲或设计问卷，要求至少访谈15位老师和30位同学（被调查者必须是来自不同科室和班级并有签名或合影为证）。

课题二　整理、录入信息资料

顾客在网店购物后，会被要求对此次购物是否满意作出评价，这实际上就是一次售后调查。网络平台会对顾客评价进行汇总、整理，得出网店的好评率。如果网店的好评率高，就会为店铺带来更高的点击率和成交量；反之，如果网店的好评率低，则会影响网店销售量，尤其对于新开网店，过低的好评率会让其面临倒闭的风险。

阅读案例，思考以下问题：

■网络平台如何整理顾客评价？

■网购平台如何处理不规范的顾客评价？

一项调查工作，从前期准备到正式执行，再到最后的数据处理，中间必须存在问卷回收整理这一环节，该环节流程如图 6—1 所示。

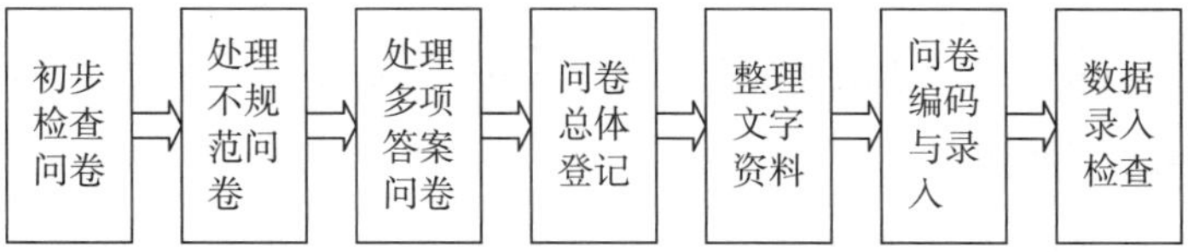

图 6—1　问卷回收整理流程

一、初步检查问卷

对于市场调查所回收的问卷，应当场进行初步检查，程序与内容见表 6—2。

表 6—2　　初步检查问卷的程序与内容

程序	内容
检查配额	检查回收问卷数量与问卷发送配额是否一致
检查答案	检查问卷答案是否齐全，答案是否存在逻辑矛盾，如有，应设法核实清楚，确实无法核实的，只能将该题作为遗漏值来处理
检查字迹	检查问卷字迹是否清楚，尤其是开放式问题，有时被调查者的答案很多，而调查人员无法快速记下来，字迹会比较潦草或用自己的一些符号和缩写来代替，应与调查人员确认清楚
初步整理	将问卷按照配额要求分成几叠，方便下一步录入员的录入工作

二、处理不规范问卷

1. 空白问卷的处理

问卷有时由于问题不合适，或被调查者不喜欢回答某些问题，或被调查者、调查人员本身的疏忽而导致问卷中某部分或某些问题有空白现象，这时如果调查人员可以解决的，就当场请调查人员更正，如果是无法解决的问题，就以遗漏值的方式来处理。

2. 乱填问卷的处理

市场调查的问卷有可能由于被调查者不认真或者不耐烦而将问卷的答案乱填，如填写全部相同的答案等。这种问卷作为废卷处理，以免影响整体调查结果。

三、处理多项答案问卷

若市场调查的问卷是单项选择题，但由于问卷上并没有注明，或者是被调查者觉得答案应有两个以上而选择两个或两个以上答案，对于这种问卷，目前的处理方法主要有以下两种：

1. 视为遗漏值的方式处理

如果只有极少数的问卷发生这种现象，对于整个研究分析并不会造成影响，可以直接以遗漏值的方式处理。

2. 用加权法的方式处理

如果问卷中这种样本很多，把它们视为遗漏值处理会影响整个数据分析结果时，可先把这类答案录入数据库，然后由研究人员采用加权法的方式进行处理。

四、问卷总体登记

对回收的问卷，在剔除废卷后要统计有效问卷的回收率，并进行登记。登记问卷一般采用表格的形式，见表 6—3。

表 6—3 调查问卷回收情况登记表

调查地点			
调查时间（段）	（ ）年（ ）月（ ）日（ ）时至（ ）年（ ）月（ ）日（ ）时		
调查对象范围			
发放问卷	（ ）份		
回收问卷	（ ）份	问卷回收率	（ ）%
有效问卷	（ ）份	有效回收率	（ ）%
调查员签名		日期	（ ）年（ ）月（ ）日
督导员签名		日期	（ ）年（ ）月（ ）日

五、整理文字资料

整理文字资料的一般程序是：审查，分类，汇编。

1. 审查

审查就是通过仔细推敲和详尽考察，判断、确定文字资料的真实性和合格性。

（1）调查资料的真实性审查也称可靠性审查，它包括两个方面：一是文字资料本身的真实性审查，二是文字资料内容的可靠性审查。

（2）调查资料的合格性审查，主要是审查文字资料是否符合原设计要求。

2. 分类

分类就是根据文字资料的性质、内容或特征，将相异的资料区别开来，将相同或相近的资料合为一类的过程。文字资料的分类有两种方法，即前分类和后分类。

（1）前分类，就是在设计调查提纲和表格时，按照事物或现象的类别设计调查指标，然后按调查指标整理资料。这样，分类工作在调查前就安排好了。

（2）后分类，是指在调查资料收集之后，根据资料的性质、内容或特征将它们分别集合成类。

3. 汇编

汇编就是按照调查的目的和要求，对分类后的资料进行汇总和编辑，使之成为反映调查对象总体情况的系统、完整、集中、简明的材料。

资料汇编的基本要求是：

（1）要完整和系统

所有可用的资料都要汇编到一起，大类、小类要层次分明，井井有条，能系统、完整地反映调查对象总体情况。

（2）要简明和集中

要用尽可能简短、明了的文字，集中地说明调查对象的总体情况，并注明资料的来源和出处。如有必要，还可以对资料的价值和作用等做简短述评，以供进一步研究参考。

六、问卷编码与录入

对回收的问卷，在剔除废卷后要对有效问卷及答案进行编码。

1. 问卷编码

问卷编码应该有明确的内容标识，需要先设定一个调查问卷编码规则，然后再进行问卷编码，须注意不能有重复码。一般不使用 0001、0002 这样纯数字的序号。

2. 答案编码

就是把问卷的答案加以量化，成为计算机可以接受的语言，如 1、2、3、4、5 等，一般根据问题的答案进行分类编码，答案分几类就有几种编码，通常是在问卷审核时把碰到的答案都记载下来进行归类，然后再编码。

3. 数据录入

数据录入就是将问卷数据所对应的编码通过扫描或用键盘输入计算机，建立数据文件。目前，问卷数据录入的方式主要有三种：人工录入、计算机辅助系统转换和光电录入，包括光电扫描和条形码判读。

这里要特别突出人工录入的注意事项：

（1）要规定统一的录入内容和录入格式。

（2）挑选和培训数据录入人员。

（3）数据录入过程中注意事项：第一，统一规定数据文件名；第二，数据录入时要为每一个录入人员提供一份有关录入内容和格式的手册；第三，要为每个录入人员提供足够的空间摆放问卷，避免不同录入人员的问卷或者同一录入人员已录入和未录入的问卷发生混淆，造成漏输或重复录入，影响问卷的质量；第四，每个录入人员在完成各自负责的问卷的录入任务后，由研究人员把数据合并成一个总的数据文件，以供统计分析使用。为了避免数据丢失，要把每个录入人员录入的数据单独存档，以备查找。

小型调查通常可将数据录入 Excel 软件中进行统计处理。

七、数据录入检查

在录入问卷后，应该对数据进行检查。首先人工检查是否有遗漏和差错，然后再用软件中的检查或统计功能检查是否有录入错误。

课堂实训

背景资料

某项目调查组在校园内完成了一项有关洗衣粉的调查，经资料检查、整理，共回收了 198 份有效答卷，需要使用 Excel 软件进行统计处理。原始调查问卷如下。

调查问卷

请您完成一份洗衣粉的问卷调查。

性别：□男 □女

住处：□公寓 □走读

年级：□ 15 级 □ 16 级 □ 17 级 □ 18 级 □其他______

您一个月的平均生活费是______。

□ 800 元以下 □ 800～1 200 元 □ 1 200～1 500 元

□ 1 500～1 800 元 □ 1 800 元以上

1. 近一年，您使用过的洗衣粉品牌有（多选）______。

A. 奥妙 B. 雕牌 C. 汰渍 D. 碧浪 E. 超能

F. 立白 G. 白猫 H. 其他______

2. 近一年，您偏好去哪里购买洗衣粉（单选）______。

A. 学校超市 B. 大卖场 C. 批发市场 D. 其他______

3. 您最近一次购买洗衣粉的规格是（单选）______。

A. 特小包（250 g） B. 小包（250～500 g） C. 中包（500～750 g）

D. 大包（750～1 000 g） E. 特大包（1 000 g以上）

4. 假设购买500 g的洗衣粉，您可以接受的价位是（单选）______。

A. 3～4元 B. 4～5元 C. 5～6元 D. 6～7元 E. 7元以上

5. 相对于500 g的洗衣粉，您大概会使用多久（单选）______。

A. 一至两个月 B. 两至三个月 C. 三至四个月 D. 四个月以上

6. 您选购洗衣粉的品牌时，以下哪项描述与您的情况相符？（单选）______。

A. 多次使用同一个品牌 B. 两至三个品牌交替使用 C. 无特别品牌偏好

7. 您主要从以下何种渠道获知洗衣粉的信息（最多选2项）______。

A. 电视广告 B. 商场广告 C. 网络广告 D. 路牌广告 E. 报纸杂志

F. 亲友介绍 G. 导购员推荐 H. 卖场促销 I. 广播 J. 传单 K. 其他______

8. 您喜欢以下哪些促销方式（最多选2项）______。

A. 折扣优惠 B. 赠品 C. 抽奖活动 D. 买一送一

E. 加量不加价 F. 其他______

9. 您选择洗衣粉时比较注重哪些辅助功效？（最多选3项）______。

A. 清香效果 B. 溶解速度 C. 泡沫丰富程度 D. 是否伤手

E. 护彩功能 F. 易冲漂程度 G. 适用于特殊衣料 H. 其他______

10. 请选择以下因素对您购买洗衣粉的影响程度（打"√"）。

重要程度 因素	非常重要	比较重要	重要	一般重要	不重要
价格					
品牌					
包装					
促销					
香味					
是否伤手					
去污能力					

11. 您除了使用洗衣粉外，还会选择使用以下哪种洗涤用品（单选）______。

A. 仅用洗衣粉 B. 肥皂 C. 洗衣液 D. 肥皂和洗衣液

12. 您选择使用洗衣液的原因是（最多选 2 项）______。

A. 洁净力更强　B. 使用方便　C. 性价比高　D. 不伤手　E. 其他______

任务

以 2～3 位同学为一组，完成有效回收问卷编码、答案编码与录入工作。

实训指导

一、有效回收问卷编码（供参考）

1. 编码方法

第 1～2 位：为问卷发放年限码。

第 3～6 位：为调查城市国标码。

第 7～9 位：为问卷编码。

2. 调查城市国标码

1101 北　京	1201 天　津	1301 石家庄
1302 唐　山	1303 秦皇岛	1306 保　定
1308 承　德	1401 太　原	1402 大　同

按照编码规则，如某份有效回收问卷编码“181101088”，其中：18 代表这份问卷是 2018 年发放；1101 代表发放地是北京；088 代表这是第 88 份问卷。如果回收问卷时发现数量不够，则可以根据编码知道哪里的反馈缺失；在问卷分析中如果有异样数据对结果造成影响，也便于与原始数据核对。

二、答案编码

1. 单选题编码

单选题只需要建立一个变量，变量就是这项调查问题；变量值是答案选项，通常是答案序号。然后对每一个选项建立一个编码。

例如，问卷中第 6 题单选题，设置的编码方案见表 6—4。

表 6—4　单选题编码设计方案

变量名称	变量类型	变量字节	取值范围	取值对应的含义	对应题号	对应问题
Q6	数值型	1	1 2 3	1——多次使用同一个品牌 2——两至三个品牌交替使用 3——无特别品牌偏好	6	您选购洗衣粉的品牌时，哪项与您的情况相符

2. 多选题编码

多选题需要建立多个变量，每一个选项对应一个变量。

多选题编码有两种方法：二分法和分类法。

（1）二分法

将每个可能的答案设为一个变量，变量的取值最多有两个（1 和 0），分别表示“选”或“不选”（在实际应用中，经常只有一个取值 1，代表“选”，而用空值代表不选）。这种方法比较简单，但需要的变量个数比较多。

（2）分类法

按照限选的最多答案设置变量个数，每个变量的取值为选项值。例如，一个多选题，如果最多可选 3 个答案，那就设置 3 个变量，分别用来存放 3 个可能的答案。如果某被调查者只填答 2 个，那么第 3 个变量的取值为缺失值；如果某被调查者只填答一个，那么第 2、3 个变量的取值均为缺失值。分类法的优点是需要的变量个数比较少。

例如，问卷中第 1 题多选题，设计的编码方案见表 6—5。

表 6—5　多选题编码设计方案

变量名称	变量类型	变量字节	取值范围	取值对应的含义	对应题号	对应问题
Q1	数值型	1	1、2、3、4、5、6、7、8	1. 奥妙　2. 雕牌　3. 汰渍 4. 碧浪　5. 超能　6. 立白 7. 白猫　8. 其他	1	近一年，您使用过的洗衣粉品牌有

3. 开放式问题编码

开放式问题编码就是将问题转化为一个或几个变量，将所有可能的答案类别赋予相应代码。

例如：您为什么不考虑未来两年购买该产品？

假设收集所有答案后，归纳整理如下：

太大，厨房进不去；买不起；外观丑陋；不喜欢其颜色，太贵；听说不可靠；我们家只有两个人，不需要；预期会降价，到时候再买；使用起来太复杂；不知道。

对答案合并为四个方面原因，编码的结果见表 6—6。

表 6—6　　开放式问题编码设计方案

回答类别编号	回答内容描述	进行合并的答案
1	产品设计	1、3、8
2	成本因素	2、4、7
3	不可靠	5
4	不需要	6

在编码的时候尽量使用自然数，不要使用小数和字母，需要注意编码的唯一性和排斥性，不同的编码值代表的意义不能有重复。

三、问卷编码录入

1. 在 Excel 中录入数据（单选题）

例如，在 Excel 中录入第 4 题单选题数据，如图 6—2 所示。

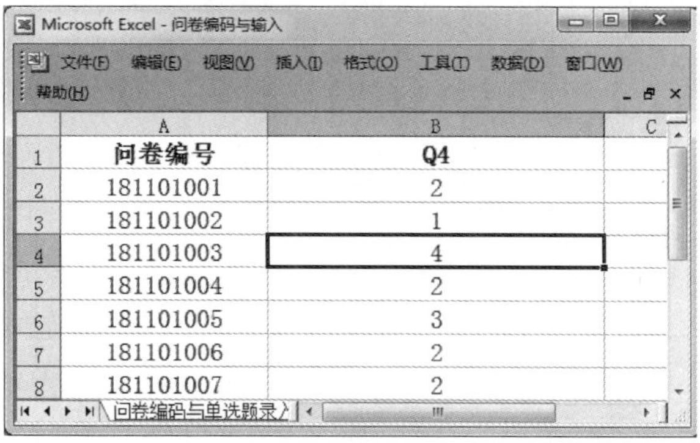

	A	B
1	问卷编号	Q4
2	181101001	2
3	181101002	1
4	181101003	4
5	181101004	2
6	181101005	3
7	181101006	2
8	181101007	2

图 6—2　在 Excel 中录入第 4 题单选题数据

2. 在 Excel 中录入数据（多选题）

例如，在 Excel 中录入第 1 题多选题数据，如采用二分法，如图 6—3 所示。

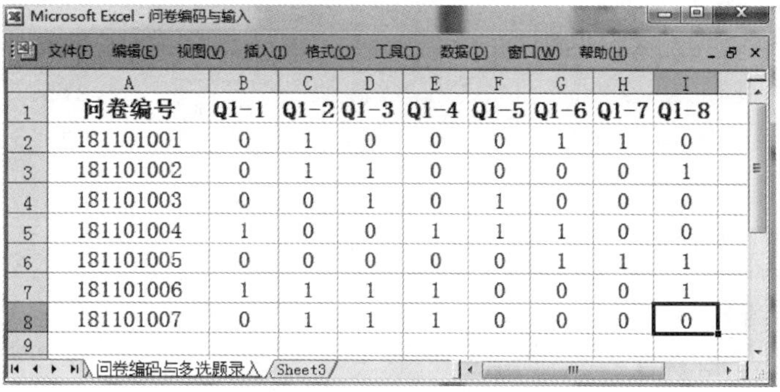

	A	B	C	D	E	F	G	H	I
1	问卷编号	Q1-1	Q1-2	Q1-3	Q1-4	Q1-5	Q1-6	Q1-7	Q1-8
2	181101001	0	1	0	0	0	1	1	0
3	181101002	0	1	1	0	0	0	0	1
4	181101003	0	0	1	0	1	0	0	0
5	181101004	1	0	0	1	1	1	0	0
6	181101005	0	0	0	0	0	1	1	1
7	181101006	1	1	1	1	0	0	0	1
8	181101007	0	1	1	1	0	0	0	0
9									

图 6—3　在 Excel 中录入第 1 题多选题数据（二分法）

再如，在 Excel 中录入第 7 题多选题数据，如采用分类法，如图 6—4 所示。

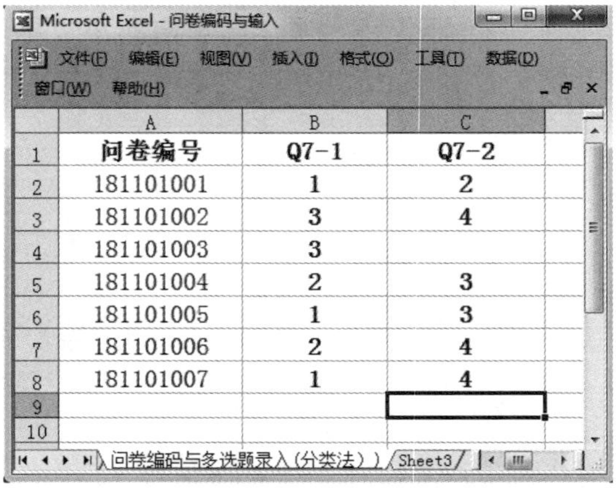

问卷编号	Q7-1	Q7-2
181101001	1	2
181101002	3	4
181101003	3	
181101004	2	3
181101005	1	3
181101006	2	4
181101007	1	4

图 6—4　在 Excel 中录入第 7 题多选题数据（分类法）

3. 在 Excel 中录入数据（量表）

对于量表问卷，必须要将编码设计好，量表有多种编码方式，常用的三种编码方式见表 6—7。

表 6—7　常用量表编码方式

评价	编码方式 1	编码方式 2	编码方式 3
非常重要	5	2	1
比较重要	4	1	2
重要	3	0	3
一般重要	2	-1	4
不重要	1	-2	5

例如，在 Excel 中录入第 10 题量表题数据，如图 6—5 所示。

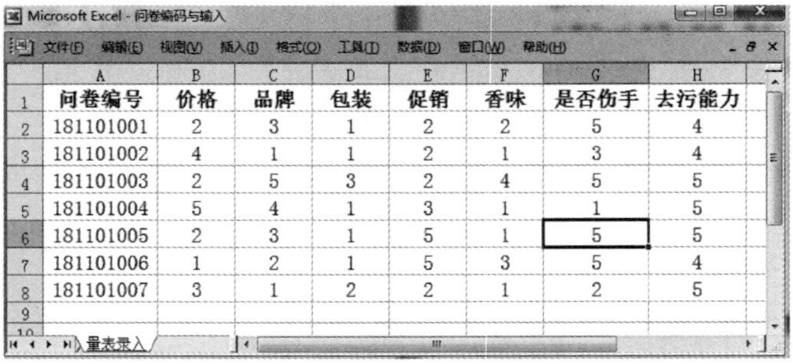

问卷编号	价格	品牌	包装	促销	香味	是否伤手	去污能力
181101001	2	3	1	2	2	5	4
181101002	4	1	1	2	1	3	4
181101003	2	5	3	2	4	5	5
181101004	5	4	1	3	1	1	5
181101005	2	3	1	5	1	5	5
181101006	1	2	1	5	3	5	4
181101007	3	1	2	2	1	2	5

图 6—5　在 Excel 中录入第 10 题量表题数据

思考与练习

一、简答

1. 问卷回收整理环节包括哪几个流程？

2. 初步检查问卷包括哪几个程序？

3. 问卷编码和录入主要包含哪些内容？

二、案例分析

一位市场调查员在调查中共发出问卷 300 份，在整理回收的 297 份问卷中，发现以下情况：1 份问卷只做了一大半；2 份问卷全部都为同一个答案；2 份问卷每道单选题均为多选答案；3 份问卷前后逻辑多处自相矛盾。

问题：

1. 你认为该调查员应如何处理以上问题问卷？

2. 该调查员的有效问卷回收率是否能达到项目要求的 96% 以上？

三、实践演练

以 4 位同学为一组，设计一份有关使用手机品牌情况的调查问卷，在学校进行调查，回收问卷后进行整理，然后运用 Excel 软件进行编码和录入（要求录入 25 份以上问卷）。

课题三　预测市场发展趋势

15年前，王鸣在某城市的繁华商业街开了一家早餐店，由于品种丰富、价格公道，生意十分红火。但令王鸣苦恼的是店铺租金上涨太快，因而身边朋友一直都劝他有机会自己也买个商铺。

机会终于来了，8年前，商业街扩建卖铺，尽管价格昂贵，但王鸣还是决定要买进2家商铺，不想却在家庭会议上遇到儿子王高的坚决反对，王高的反对理由是：他做的毕业论文就是有关电子商务发展趋势的分析报告，根据连续几年的国家统计数据，他预测实体商铺的生意会在较长时间内走下坡路，因此不值得投资商铺。

时至今日，王鸣很庆幸当初没买成商铺，因为尽管所在城市的房地产价格上涨了2倍多，但商业街扩建的商铺大多租不出去，想卖的连原价也卖不出去，当初投资商铺的基本都亏损了。

阅读案例，思考以下问题：

■为什么投资商业街扩建商铺的会亏损?

■王高是依据什么来预测实体店铺发展前景的?

问卷回收整理并录入后，接下来就应该对调查数据进行统计和分析，这些都可以借助软件工具来进行，下面以常用的Excel软件来说明。

一、利用Excel统计问卷

1. 在Excel表格中录入所有问卷数据

按照上一个课题中介绍的方法，将所有问卷以及问题的编码数据录入一个

Excel 表中。例如，上个课题中有关洗衣粉问卷调查的数据录入，如图 6—6 所示（只显示部分数据）。

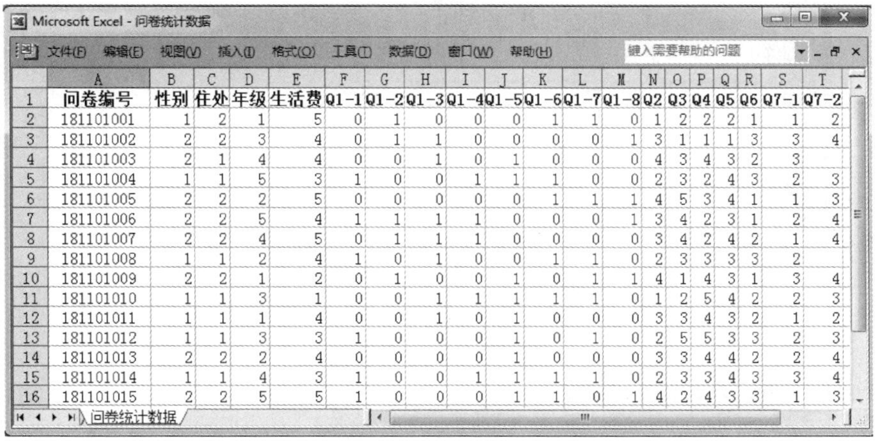

	问卷编号	性别	住处	年级	生活费	Q1-1	Q1-2	Q1-3	Q1-4	Q1-5	Q1-6	Q1-7	Q1-8	Q2	Q3	Q4	Q5	Q6	Q7-1	Q7-2
2	181101001	1	2	1	5	0	1	0	0	0	1	1	0	1	2	2	2	1	1	2
3	181101002	2	2	3	4	0	1	1	0	0	0	0	1	3	1	1	1	3	3	4
4	181101003	2	1	4	4	0	0	1	0	1	0	0	0	4	3	4	3	2	3	
5	181101004	1	1	5	3	1	0	0	1	1	1	0	0	2	3	2	4	3	2	3
6	181101005	2	2	2	5	0	0	0	0	0	1	1	1	4	5	3	4	1	1	3
7	181101006	2	2	5	4	1	1	1	1	0	0	0	1	3	4	2	3	1	2	4
8	181101007	2	2	4	5	0	1	1	1	0	0	0	0	3	4	2	4	2	1	4
9	181101008	1	1	2	4	1	0	1	0	0	1	1	0	2	3	3	3	3	2	
10	181101009	2	2	1	2	0	1	0	0	1	0	1	1	4	1	4	3	1	3	4
11	181101010	1	1	3	1	0	0	1	1	1	1	1	0	1	2	5	4	2	2	3
12	181101011	1	1	1	4	0	0	1	0	1	0	0	0	3	3	4	3	2	1	2
13	181101012	1	1	3	3	1	0	0	0	1	0	1	0	2	5	5	3	3	2	3
14	181101013	2	2	2	4	0	0	0	0	1	0	0	0	3	3	4	4	2	2	4
15	181101014	1	1	4	3	1	0	0	1	1	1	1	0	2	3	3	4	3	3	4
16	181101015	2	2	5	5	1	0	0	0	1	1	0	1	4	2	4	3	3	1	3

图 6—6　在 Excel 中录入问卷数据

2. 筛选统计相关信息

点中数据区域的任意单元格，然后在菜单中选择“数据—筛选—自动筛选”，即可分类筛选和统计相应信息。例如，筛选统计上表中性别为“1”（男生）的操作，如图 6—7 所示。

	问卷编号	性别	住处	年级	生活费	Q1-1	Q1-2	Q1-3	Q1-4	Q1-5	Q1-6	Q1-7	Q1-8	Q2	Q3	Q4	Q5	Q6	Q7-1	Q7-2
2	181101(		2	1	5	0	1	0	0	0	1	1	0	1	2	2	2	1	1	2
5	181101(		1	5	3	1	0	0	1	1	1	0	0	2	3	2	4	3	2	3
9	181101(		1	2	4	1	0	1	0	0	1	1	0	2	3	3	3	3	2	
11	181101(		1	3	1	0	0	1	1	1	1	1	0	1	2	5	4	2	2	3
12	181101(		1	1	4	0	0	1	0	1	0	0	0	3	3	4	3	2	1	2
13	181101012	1	1	3	3	1	0	0	0	1	0	1	0	2	5	5	3	3	2	3
15	181101014	1	1	4	3	1	0	0	1	1	1	1	0	2	3	3	4	3	3	4
17																				
18	男生数（1）	7																		

图 6—7　在 Excel 中筛选统计数据

3. 制作统计表

全部信息分类统计完成后，最好将问卷的统计数字复制到另一个表中单独保存，将问卷中每个选项进行统计，制作成一个问卷数据统计表，如图 6—8 所示。

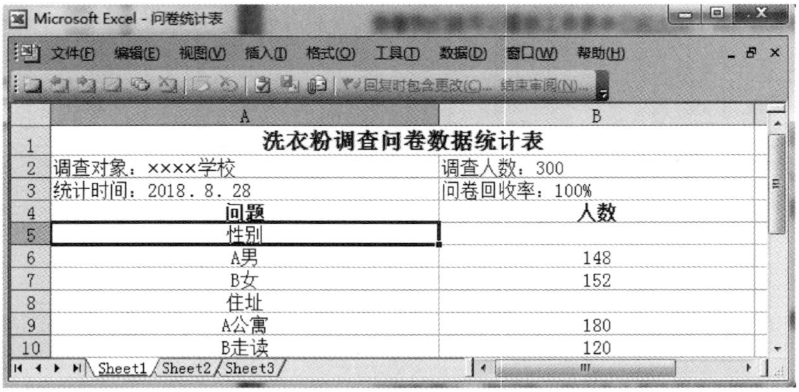

	A	B
1	洗衣粉调查问卷数据统计表	
2	调查对象：××××学校	调查人数：300
3	统计时间：2018. 8. 28	问卷回收率：100%
4	问题	人数
5	性别	
6	A男	148
7	B女	152
8	住址	
9	A公寓	180
10	B走读	120

图 6—8　问卷数据统计表（部分）

二、利用 Excel 展示图表

Excel 常用图表的一般用途，见表 6—8。

表 6—8　　Excel 常用图表及用途

图表名称	用途
饼图、堆积百分比柱形 / 条形图	反映结构构成，用于统计
折线图、面积图	反映发展趋势，用于预测
柱状图、条形图	反映数量对比，用于统计
散点图、气泡图	反映数据间的联系，用于推测数量变化

下面介绍较有代表性的饼图、柱状图和折线图。

1. 饼图

（1）打开 Excel 软件，然后在其中一张工作表中输入数据，如图 6—9 所示。

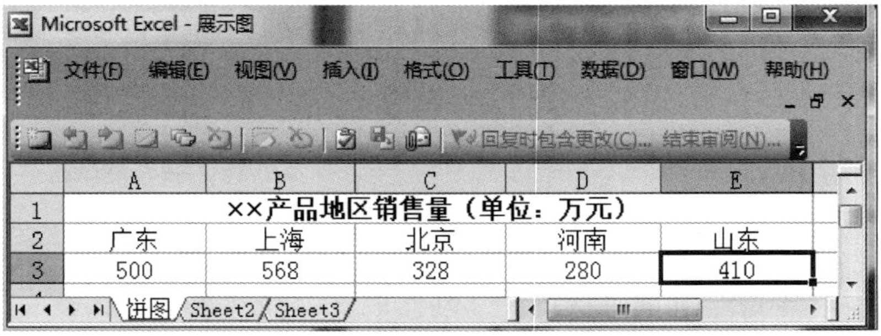

	A	B	C	D	E
1	××产品地区销售量（单位：万元）				
2	广东	上海	北京	河南	山东
3	500	568	328	280	410

图 6—9　××产品地区销售量数据（举例）

（2）找到“插入”菜单，点击“图表”，选中“饼图”，然后点击“下一步”，拖动鼠标选择表格中数据范围，被选中范围的数据会被黑色的虚线所包围，其中数据区域图表预览框中已经可以预览到所选数据制作而成的饼图，如图 6—10 所示。

图 6—10　××产品地区销售量饼图预览图（举例）

（3）点击“下一步”，为图表填写标题，然后点击“图例选项卡”，根据自己喜好更改显示图例的位置，依照提示完成饼图制作，如图 6—11 所示。

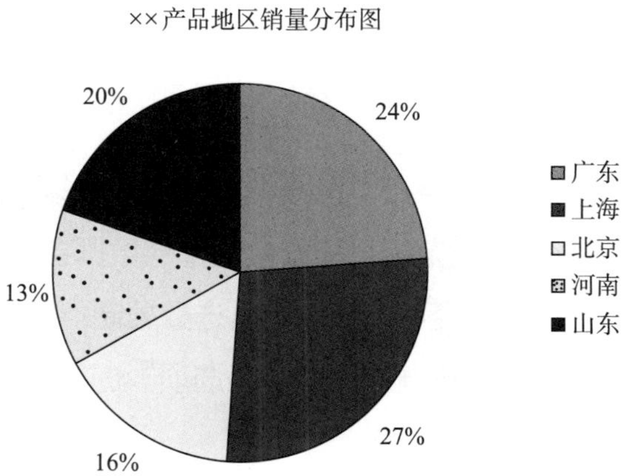

图 6—11　××产品地区销售量饼图（举例）

2. 柱状图

柱状图的操作方法和步骤，基本上和饼图操作方法相似，不再详细讲述，其效果如图 6—12 所示。

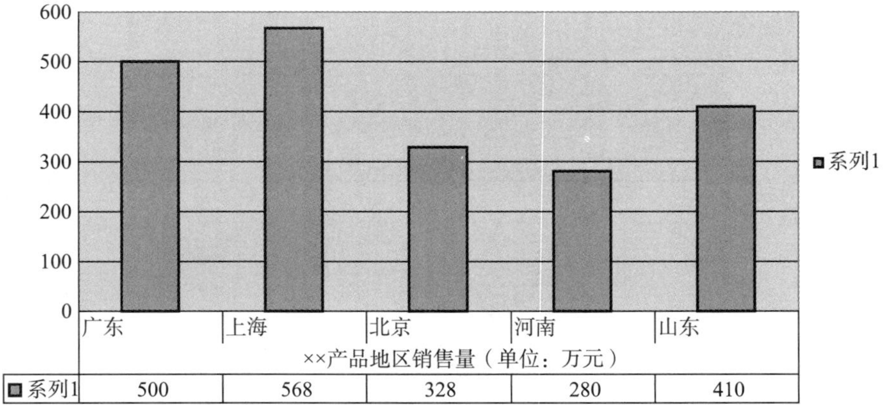

图 6—12　× × 产品地区销售量柱状图（举例）

3. 折线图

（1）打开 Excel 软件，然后在其中一张工作表中输入数据，如图 6—13 所示。

图 6—13　× × 产品月度销售量（举例）

（2）找到“插入”菜单，点击“图表”，选中“折线图”，然后点击“下一步”，拖动鼠标选择表格中数据范围，被选中范围的数据会被黑色的虚线所包围，其中数据区域图表预览框中已经可以预览到所选数据制作而成的折线图。依照提示完成折线图制作，然后点击右键选择“图表选项”进行相应参数设置，其效果如图 6—14 所示。

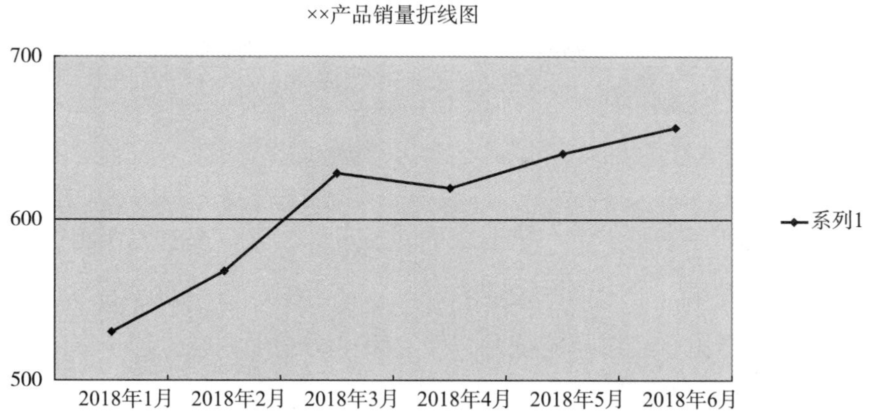

图 6—14　× × 产品月度销售量折线图（举例）

三、预测市场发展趋势

根据调查所获得的数据资料，可以对未来的市场发展趋势作出预测。市场趋势预测方法主要有同行参照分析预测、定性预测和定量预测三种方法。

1. 同行参照分析预测

调查主体一般都会有同行，将同行的数据信息、发展方向和决策作为一个参照物，就可以预测自己未来的发展趋势。

2. 定性预测

一般来说，在市场趋势预测中常用的定性预测方法有四种：运营经理意见法、一线营销人员意见法、购买者期望法和德尔菲法。

（1）运营经理意见法

运营经理意见法是依据运营经理层级及以上人员的经验与直觉，通过他们的平均意见求出市场预测值的方法。

（2）一线营销人员意见法

一线营销人员意见法是利用经验丰富的主要营销人员的经验来对市场未来的发展趋势进行预测。先由每个营销人员单独作出发展趋势预测，集中后再与市场经理共同讨论、修正、汇总，得出预测结果。

（3）购买者期望法

这种预测方法是通过征询客户的潜在需求或未来购买商品的计划，了解客户购买商品的活动、变化及特征等，然后在收集客户意见的基础上分析市场变化，预测未来市场需求变化趋势。

许多企业经常关注新客户、老客户和潜在客户未来的购买意向情况，如果存在少数重要的客户占据企业大部分市场这种情况，那么购买者期望法是很实用的。

（4）德尔菲法

德尔菲法又称专家意见法，是指以不记名方式根据专家意见作出销售预测的方法。至于谁是专家，则由项目经理来确定。它采用背对背的通信方式征询专家小组成员的预测意见，经过几轮征询，使专家小组的预测意见趋于集中，最后得出预测结论。

3. 定量预测

定量预测可以按照不同类型分成两大类：时间序列分析法和回归分析法。

（1）时间序列分析法

时间序列分析法是根据项目过去的发展数据，用统计学的方法分析并推断其变化趋势，然后依照这一趋势来预测项目将来数据的一种方法，它现已成为市场预测中最具代表性的方法。

时间序列分析法具体又包括平均法、趋势延伸法和季节指数法。趋势延伸法可分为直观法、拟合直线方程法、拟合曲线方程法等。在市场预测中，通常运用较简单的直观法来测定待预测指标的长期变化值。

直观法也称随手作图法，它简便易行，不用建立数学模型，便于推广。用直观法进行预测的步骤大体如下（可以借助 Excel 软件来完成）：首先，在平面直角坐标系中以 y 轴表示预测目标的因变量，以 x 轴表示时间数列的自变量，并利用预测目标的历史时间数据资料，在坐标系上标出各对应点；其次，根据各分散点所显示趋势，画出一条沿各个点拟合度最佳的直线或曲线，并按趋势加以延伸；最后，在拟合的直线或曲线上，根据预测时间找出相对应的销售预测值。

某公司过去一年的销售情况见表 6—9，预测来年 1 季度的销售额步骤如下。

表 6—9　　某公司过去一年销售情况表

季度	销售额（百万元）
第 1 季度	2
第 2 季度	2.25
第 3 季度	2.35
第 4 季度	2.5

1. 在 Excel 中使用“折线图”功能为以上数据绘制折线图，如图 6—15 所示。

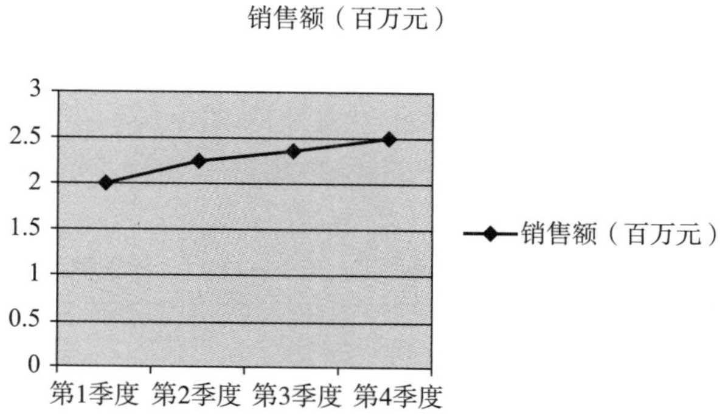

图 6—15　某公司过去一年销售情况折线图

以上示例是一个折线图，也可以选择不同的数据视图，如条形图、柱状图、散点图或其他图表类型。

2. 画出趋势线，可以根据过去 4 个季度预测来年 1 季度的销售额约为 2.62 百万元，如图 6—16 所示。

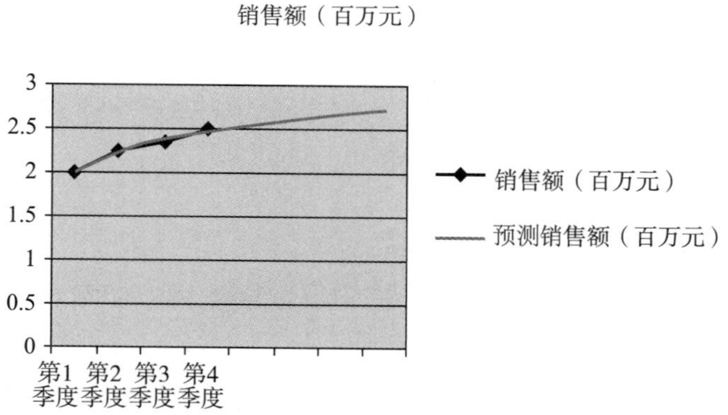

图 6—16　某公司销售趋势线图

（2）回归分析法

各种事物彼此之间都存在直接或间接的因果关系。同样，待预测量亦会随着某种变量的变化而变化。当待预测量与时间之外的其他事物存在相关性时，就可以运用回归分析法进行销售预测。鉴于回归分析法计算较为复杂，本书不作具体介绍。

课堂实训

背景资料

根据调查，×× 地区甲、乙两种商品在 2015—2018 年的销售额见表 6—10。

表 6—10　　×× 地区甲、乙两种商品在 2015—2018 年销售额　　单位：万元

商品 \ 销售额 \ 年份	2015	2016	2017	2018
甲商品	500	536	582	639
乙商品	211	237	236	242

考虑到 2019 年的经济形势、促销力度、竞争状况等综合情况较为理想，管理层估计在原来销售增长趋势的基础上还会有 5% 的增长。

任务

试用趋势延伸法来预测 ×× 地区 2019 年两种商品的销售额。

实训指导

一、趋势预测

1. 在 Excel 上列出甲、乙两种商品的销售数据表格，如图 6—17 所示。

Microsoft Excel - 趋势预测
文件(F) 编辑(E) 视图(V) 插入(I) 格式(O) 工具(T) 数据(D) 窗口(W) 帮助(H)

	A	B	C	D	E	F
1	年份	2015年	2016年	2017年	2018年	2019年
2	甲商品销售额	500	536	582	639	
3						
4	年份	2015年	2016年	2017年	2018年	2019年
5	乙商品销售额	211	237	236	242	

趋势预测 / Sheet2 / Sheet3

图 6—17　×× 地区甲、乙商品销售数据表格

2. 在 Excel 中选择“插入 – 图表 – 折线图”，分别作出 ×× 地区甲、乙商品的销售折线图，如图 6—18 所示。

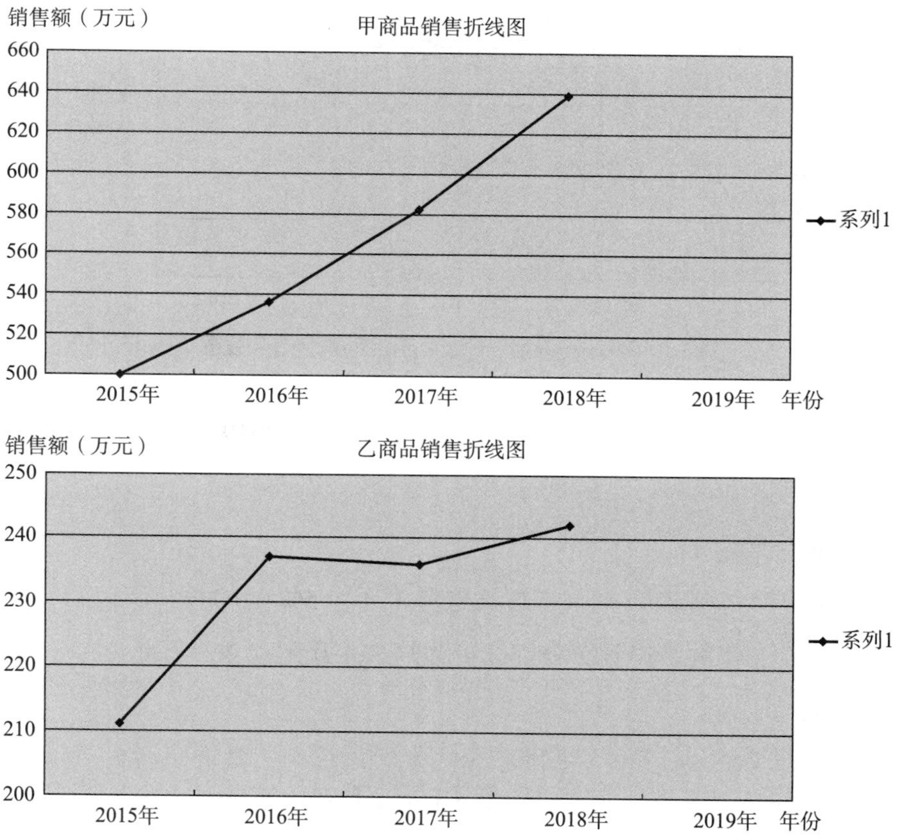

图 6—18　×× 地区甲、乙商品销售折线图

3. 在 Excel 中将光标对准折线图上的折线，点击右键选择“添加趋势线”，分别作出 ×× 地区甲、乙商品的销售趋势线，如图 6—19 所示。

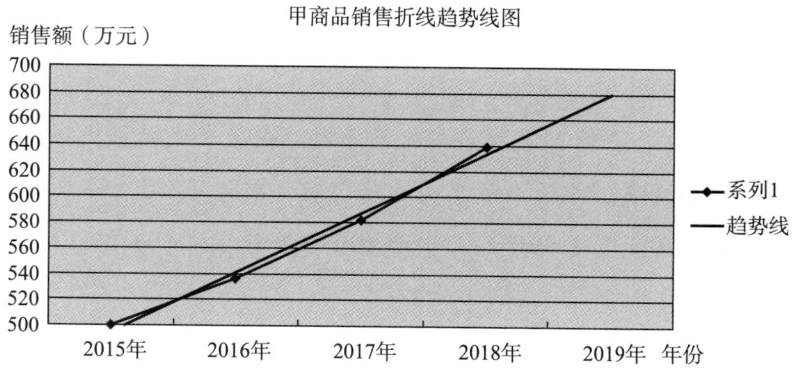

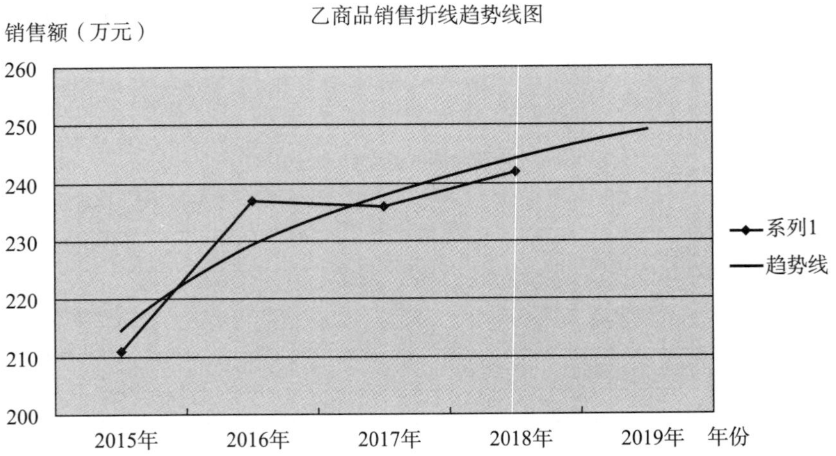

图 6—19　××地区甲、乙商品的销售趋势线图

从销售趋势线图可以预测 ×× 地区甲、乙商品 2019 年的销售额分别约为 680 万元和 249 万元。

二、修正评估

因为 2019 年的销售额在原来增长趋势上还有 5% 的增长，所以，×× 地区甲、乙商品 2019 年的销售额应分别修正为约 714 万元和 261 万元。

思考与练习

一、简答

1. 举例说明 Excel 中常用图表的名称及主要用途。

2. 市场趋势定性预测方法有哪些？

3. 市场趋势定量预测方法有哪些？

二、案例分析

某家电经销商为了了解消费者空调购买行为，从某市城镇居民家庭中抽取了 1 000 户进行了问卷调查，并从市统计局收集了有关数据。

1. 近 10 年城镇居民可支配收入、空调拥有量等数据资料如下：

年份	2009	2010	2011	2012	2013	2014	2015	2016	2017	2018
可支配收入（元／人）	1 592	1 783	2 168	2 817	3 886	4 705	5 052	5 209	5 435	5 818
消费性支出（元）	1 294	1 446	1 732	2 194	3 138	3 886	4 098	4 137	4 482	4 800
耐用品支出（元）	88	105	128	168	245	269	332	352	394	486
空调拥有量（台／百户）	108	110	114	117	119	121	122	125	128	132

2. 2018 年年末不同收入家庭空调拥有量（台／百户）如下：

家庭收入	最低收入	低收入	中等偏下收入	中等收入	中等偏上收入	高收入	最高收入
空调拥有量（台／百户）	88.46	116.35	119.32	123.32	140.12	145.32	151.32

3. 调查的 1 000 户中，计划近三年内购买空调的户数为 200 户。

4. 计划购买空调的 200 户中，其关注空调服务、质量、促销、价格、其他要素的分别为 28 户、144 户、4 户、20 户、4 户。

5. 计划购买空调的 200 户中，准备购买单冷机的 23 户，冷暖机的 170 户，到时再决定的 7 户；准备购买窗式机的 39 户，柜式机的 43 户，壁挂机的 118 户。

6. 计划购买空调的 200 户中，空调信息来源渠道为报纸刊物的 90 户，电视的 87 户，销售现场的 8 户，朋友、同事告知的 6 户，销售人员促销的 3 户，户外广告的 4 户，网络广告的 2 户。

7. 计划购买空调的 200 户中，购买空调地点选择专卖店的 77 户，选择大型电器商场的 94 户，选择综合性商场的 82 户，选择家电连锁店的 56 户，选择厂家直销店的 48 户（有同时选择多个地点的情形）。

8. 计划购买空调的 200 户中，购买时间选择夏季的 86 户，选择冬季的 60 户，选择厂家促销期的 42 户，选择春季和秋季的 12 户。

9. 计划购买空调的 200 户中，空调功率选择 1 匹以下的 7 户，选择 1 匹的 41 户，选择 1.5 匹的 48 户，选择 2 匹的 35 户，选择 2.5 匹的 12 户，选择 3 匹以上的 23 户，到时视情况而定的 34 户。

10. 计划购买空调的 200 户中，空调价位选择 2 000 元以下的 12 户，选择 2 000～3 000 元的 56 户，选择 3 000～4 000 元的 45 户，选择 4 000～5 000 元的

36户，选择5 000元以上的30户，到购买时再定的21户。

11. 居民对绿色环保空调的看法：认为符合空调发展方向的352户，认为符合消费需求的312户，认为是作为空调产品必须有此要求的27户，认为是厂家炒作的112户，不知道的197户。

12. 居民对变频空调的看法：认为符合空调发展方向的169户，认为符合消费者需求的294户，认为是作为空调产品必须的140户，认为是厂家炒作的99户，不知道的298户。

13. 居民对静音空调的看法：认为符合空调发展方向的239户，认为符合消费者需求的391户，认为是作为空调产品必须有此要求的210户，认为是厂家炒作的52户，不知道的108户。

14. 居民认为厂家宣传推广对购买决策很有影响的270户，有影响的380户，一般的235户，无影响的115户。

问题：

1. 你认为上述调查数据加工处理有何特点，有哪些缺陷？

2. 根据这些数据，你认为可制作哪些形式的统计表和统计图？

三、实践演练

以4位同学为一组，运用Excel软件中的图表对上述案例题中的调查数据进行统计，并预测2019年城镇居民的可支配收入和空调拥有量。

课题四 撰写市场调查报告

一个月前，小李接到老板布置的一个市场调查项目，主要任务是论证公司产品是否应该涨价。

小李马上行动，包括查阅资料、走访、问卷调查等调查手段都用上了，经过二十多天的紧张工作，终于取得了大量原始调查资料。

资料整理、统计完毕，小李连续几天加班，赶写了一份近 20 页数据非常详尽的调查报告交给了老板，谁知老板拿着报告翻了翻，然后就皱着眉头将报告丢到了一边。

后来，老板似乎就忘记了小李的调查报告这件事。

阅读案例，思考以下问题：

■老板对小李的调查报告满意吗？可能原因是什么？

■调查报告应该怎样写？

一、市场调查报告的含义和意义

市场调查报告是指用书面表达的方式反映调查过程和调查结果的一种分析报告，它是通过文字、图表等形式将调查研究成果表现出来，以使客户和研究者对所调查的市场现象和所关心的问题有一个全面系统的认识。

市场调查报告是整个调查活动与分析成果的有形产品，是管理决策的重要依据，是衡量市场调查项目质量水平的重要指标，能为企业的市场经营活动提供有效的导向作用。所以，撰写市场调查报告是市场调查的最后一个环节，也是非常关键的环节，其撰写水平的高低将直接影响整个市场调查工作的成果质量。

二、市场调查报告的一般格式

从严格意义上说，市场调查报告没有固定不变的格式。不同的市场调查报告写作格式，主要依据调查的目的、内容、结果以及主要用途来决定。但一般来说，各种市场调查报告在结构上都包括标题、导言、主体和结尾几个部分。

1. 标题

市场调查报告的标题即市场调查的题目。标题必须准确揭示调查报告的主题思想，要简单明了、高度概括、题文相符。

（1）直陈式标题

直陈式标题的特点是简明、客观。形式上表现为：调查对象 + 内容 + 文种名称。例如，《北京市中高档商品房需求的市场调查》《中草药在国内外市场地位的调查报告》《关于 2018 年国内大学毕业生就业情况的调查》等。这种标题旨在反映调查意向或指出调查地点、调查项目。其优势在于：沿袭传统、设计规范、内容简明、便于存档，具有较强的现实应用价值。就标题写作而言，直陈式标题模式是最易驾驭的。

（2）结论式标题

结论式标题无论在形式上还是内容上都与直陈式标题大不相同。结论式标题并不要求明确市场调查的相关要素，而是直接阐明作者的观点、看法，或对市场现象作出判断、评价。例如，《对当前的投机游戏不容忽视》《高档进口汽车在内地市场畅销》《市民欢迎智能机器人走入家庭》等。这种标题的优势在于：既表明了作者的态度，又揭示了主题，具有很强的吸引力。实践证明，结论式标题的写作往往以市场的深入调研做支撑，要求撰写者的写作经验和市场经验都必须达到一定的娴熟度，方可操作。

（3）提问式标题

提问式标题其问号特色很突出，是以设问、反问等形式突出问题的焦点所在，以吸引读者阅读、思考。例如《高端消费者愿意到网上购物吗？》《手表真的走入死胡同了吗？》《红木家具为何如此热销？》等。提问式标题的最大优势就是吸引眼球，其应用性表现在：通过发问将人们正在思考或尚未关注的问题提出来，以激发其潜在的市场消费意愿，让人们带着问题去文中揭秘。提问式标题写作的关键在于：及时捕捉市场中颇有争议的消费现象，将其内容浓缩，然后适当选择设问或反问的提问方式，形成提问式标题的基本格局。

（4）双标题（正副标题）

双标题一般表现为：用主标题概括调查报告的主题或要回答的问题，用副标题标明调查对象及其内容。结论式和提问式标题可以采用这种标题形式。例如，《敢问路在何方——广州地区奶业发展情况调查》《一半是海水一半是火山——江西景德镇外销瓷市场调查》等。这种双标题的写作形式具有多元化的效果，富有吸引力，也更为引人注目，这就要求撰写者具备更全面的写作素养。

2. 导言

导言是市场调查报告的开头部分，一般说明市场调查的目的和意义，介绍市场调查工作的基本概况，包括市场调查的时间、地点、内容和对象以及采用的调查方式、方法等。也有调查报告在导言中先写调查的结论是什么或直接提出问题等，这种写法能增强读者阅读报告的兴趣。

3. 主体

主体部分是市场调查报告的主要内容，是表现调查报告主题的重要部分。这一部分的写作直接决定调查报告的质量高低和作用大小。主体部分要客观、全面阐述市场调查所获得的资料、数据，用它们来说明有关问题，得出有关结论；对有些问题、现象要作深入分析、评论等。总之，主体部分要善于运用资料来表现调查的主题。

4. 结尾

结尾主要是形成市场调查的基本结论，也就是对市场调查的结果做一个小结。结尾部分还要提出对策措施，供决策者参考。

有的市场调查报告还有附录。附录的内容一般是有关调查的统计图表、材料出处、参考文献等。

三、撰写市场调查报告的要求

1. 客观性

在撰写市场调查报告时，一定要遵循客观性。市场调查报告必须符合客观实际，坚决反对弄虚作假。

2. 有的放矢

在市场调查报告撰写过程中，撰写者应始终检查报告是否偏离调查的目标，是否遵循委托者的要求等。

3. 针对性

撰写市场调查报告要考虑阅读对象是谁，要尽量符合阅读者的阅读特征和习惯。

4. 可读性

市场调查报告常以文字的形式传递调查人员想要表达的信息，所以报告中使用的文字和语句必须简洁、清晰、贴切、通俗、流畅，同时又不流于俗套。版面应做到设计合理、语言简洁、字迹清晰、书写工整。

5. 逻辑性

市场调查报告应具备结构合理、逻辑性强等特点。

6. 归纳性

一份高质量的市场调查报告应该充分利用统计图表、统计数据等各种形式的表现方法来归纳说明和显示资料，使阅读者更容易接受和认同。

7. 图文并茂

在市场调查报告中可适当插入图、表、画及其他可视性较强的表现形式来强调重要信息，不要一味地运用大篇幅的数据和文字。

8. 制表原则

一般在制表时，应遵循“一表一标题一编号”的原则。标题应该简明，突出重点。脚注内容一般不加入表中信息，其位于主表及表格信息来源的下方。数据项的排列应突出最重要的数据信息，可按时间顺序、大小次序等依次排列。如果地理位置信息重要，那么应按地理位置名称的汉语拼音字母顺序排列。应该清楚表明表中数据的计量单位。点、连接符、横线等符号通常可以增加报表的可读性。

9. 制图原则

图形可以更好地补充文字和表格的不足。常用的图形有地理图、饼形图、线形图和直方图等。

10. 篇幅适当

市场调查报告的价值需要以质量和有效性来度量，而非篇幅的长短。因此，在撰写市场调查报告时，应根据调查目标和调查报告内容的需要确定篇幅的长短。

课堂实训

背景资料

以下为几份市场调查报告的导语。

一、《关于 ×× 市 2018 年微波炉市场的调查》一文的导语写道："×× 市调查公司受 ×× 委托，于 2018 年 3 月至 4 月在 ×× 市进行了一次微波炉市场调查。现将调查研究情况汇报如下。"

二、《中国果汁饮料市场前景广阔》一文的导语写道："我国水果资源丰富，其中，苹果产量是世界第一，……据权威机构预测，到 2018 年，……近日，我公司对 ×× 市果汁饮料市场进行了一次市场调查，根据数据统计，我们对调查结果进行了简要的分析。"

三、《组合家具已进入衰退期》一文的导语写道："曾经风靡一时的组合家具今年的销售状况如何？市场调查表明：组合家具的销售日趋疲软，已进入衰退期。"

任务

请对以上三种导语的写作风格作出评价。

实训指导

一、导语用简要文字交待出了调查的主体、时间、对象和范围等要素，并用一个过渡句开启下文，写得合乎规范。

二、这种写作模式是导语的基本写作思路，也符合一般阅读者的思维规律，因而在实践中被广泛使用，其优势在于为市场调查对象做深层次的背景支撑，这样，既概述了中国果汁饮料市场现状，同时又说明了其调查要素，具备较强的整体性。

三、这段导语虽简短，却一语中的，以自问自答的写作形式，开篇便点明全文的主旨——组合家具已进入衰退期，与标题相呼应。这种导语写作模式要求撰写者对所调查的庞杂的市场资料作出科学、准确的评判，并以简省的笔墨，不加铺陈地明确全文的立脚点，引起阅读者的阅读兴趣，也带动主体写作的逐层展开。

通过上述例子不难看出，虽然市场调查报告导语的形式及内容可以不拘一格，但其写作意图必须是明确的，即为进一步表达市场调查报告全文的主旨内容进行引导铺垫。导语写作的关键在于以简洁的笔触对市场调查的基本面进行交代，力求做到与标题和主体的有机衔接。

思考与练习

一、简答

1. 撰写市场调查报告有何意义？
2. 市场调查报告的结构一般包括哪些内容？
3. 撰写市场调查报告有哪些要求？

二、案例分析

××市居民家庭白酒消费状况调查报告

为了深入了解本市居民家庭在白酒市场的消费情况，特进行此次调查。调查由本市某大学承担，调查时间是2018年7月至8月，调查方式为问卷式访问调查。本次调查选取的样本总数是2 000户。各项调查工作结束后，某大学将调查内容总结如下：

一、调查对象的基本情况

1. 样品类属情况

在1 600户有效样本中，工人320户，占总数比例20%；农民130户，占总数比例8%；教师200户，占总数比例13%；机关干部190户，占总数比例12%；个体户220户，占总数比例14%；经理150户，占总数比例9%；科研人员50户，占总数比例3%；待业人员90户，占总数比例5%；医生20户，占总数比例1%；其他260户，占总数比例15%。

2. 家庭收入情况

本次调查结果显示，从本市居民的消费总水平来看，相当一部分居民还达不到小康水平，大部分的人均月收入在 5 000 元左右，样本中只有约 2.3% 的消费者收入在 10 000 元以上。因此，可以初步得出结论，本市总的消费水平较低，商家在定价的时候要特别慎重。

二、专门调查部分

1. 白酒消费情况调查

（1）白酒比红酒消费量大

分析其原因，一是白酒除了顾客自己消费以外，用于送礼的较多，而红酒主要用于自己消费；二是商家做广告也多数是白酒广告，红酒的广告很少。这直接导致白酒的市场大于红酒的市场。

（2）白酒消费多元化

从购买白酒的用途来看，约 52.84% 的消费者用来自己消费，约 27.84% 的消费者用来送礼，其余的是随机性很大的消费者。

购买酒用于自己消费的消费者，其白酒消费价格大部分在 20 元以下，其中 10 元以下的约占 26.7%，10～20 元的占 22.73%。

购买酒用于送礼的消费者，其白酒消费价格大部分在 80～150 元（约 22.5%），约有 5.34% 的消费者购买 150 元以上的白酒送礼。这样，生产厂商的定价和包装策略就有了依据，定价要合理，又要有好的包装，才能增大销售量。

2. 购买因素调查

调查显示，消费者关注的因素依次为价格、品牌、质量、包装、广告、酒精度，这样就可以得出结论，生产厂商的合理定价是十分重要的，创名牌、求质量、巧包装、好广告也很重要。

3. 顾客忠诚度调查

调查表明，不经常换品牌的消费者占样本总数的 51.59%，偶尔换的占 43.75%，对新品牌酒持喜欢态度的占 2.39%，持无所谓态度的占 2.27%。可以看出，一旦某个品牌在消费者心目中形成固定印象，是很难改变的，因此，厂商应在树立良好的企业形象、争创名牌上狠下功夫，这对企业的发展十分重要。

4. 购买动因调查

调查发现，白酒购买动因主要在于消费者自我选择，其次是广告宣传，然后是亲友介绍，最后才是营业员推荐。不难发现，怎样吸引消费者的注意力，对于企业来说是关键问题。做好广告宣传，建立消费者口碑，也将有效扩大酒类市场的销售规模。而对于商家来说，营业员的素质也应重视，因为其对酒类产品的销售同样有着一定的影响作用。

三、结论和建议

1. 结论

（1）本市的居民消费水平还不算太高，属于中等消费水平，月平均收入在5 000元左右，相当一部分居民还没有达到小康水平。

（2）居民在酒类产品消费上主要是用于自己消费，并且以白酒居多，红酒的消费比较少。消费者用于个人消费的白酒价格通常在20元以下，消费者用于送礼的白酒价格通常在80～150元。

（3）消费者在购买白酒时多注重酒的价格、质量、包装和宣传，也有相当一部分消费者持无所谓的态度。消费者对新品牌白酒的认知度较低。

2. 建议

（1）商家在组织货品时要根据市场的变化制定相应的营销策略。

（2）对消费者较多选择中低端酒的情况，政府和商家应采取积极措施引导消费者消费，实现城市消费的良性循环。

问题：

1. 请指出以上市场调查报告的标题、导语、主体和结论部分的内容。

2. 你如何评价以上这篇市场调查报告的撰写水平？

四、实践演练

以3位同学为一组，结合本学期进行的一次调查项目，撰写一份市场调查报告。